历史的丰碑丛书

U0726591

现代数学巨人
希尔伯特

越树智 编著

吉林人民出版社

图书在版编目（CIP）数据

现代数学巨人——希尔伯特 / 越树智编著 . -- 长春：
吉林人民出版社，2011.4（2021.8 重印）
（历史的丰碑丛书）
ISBN 978-7-206-07666-4

Ⅰ . ①现… Ⅱ . ①越… Ⅲ . ①希尔伯特，D.（1862 ~
1943）—生平事迹—青年读物②希尔伯特，
D.（1862 ~ 1943）—生平事迹—少年读物 Ⅳ .
① K835.166.11-49

中国版本图书馆 CIP 数据核字 (2011) 第 038460 号

现代数学巨人 希尔伯特
XIANDAI SHUXUE JUREN　XIERBOTE

编　　著 : 越树智
责任编辑 : 王一莉　　　　封面设计 : 孙浩瀚
制　　作 : 吉林人民出版社图文设计印务中心
吉林人民出版社出版 发行 (长春市人民大街 7548 号　邮政编码 :130022)
印　刷 : 北京一鑫印务有限责任公司
开　本 :787mm×1092mm　　1/16
印　张 :8　　　　字　数 :72 千字
标准书号 :ISBN 978-7-206-07666-4
版　次 :2011 年 4 月第 1 版　　印　次 :2021 年 8 月第 2 次印刷
定　价 :35.00 元

如发现印装质量问题，影响阅读，请与出版社联系调换。

编者的话

"欲知大道，必先为史"。

回溯人类的足迹，人们首先看到的总是那些在其各自背景和时点上标志着社会高度和进步里程的伟大人物。他们是历史的丰碑，是后世之鉴。

黑格尔说："无疑，一个时代的杰出个人是特性，一般说来，就反映了这个时代的总的精神。"普希金说："跟随伟大人物的思想是一门引人入胜的科学。"

以史为鉴，面向未来。作为21世纪的继往开来者，我们觉得，在知史基础上具有宽广的知识结构、开阔的胸襟和敏锐的洞察力应是首要的素质要求，而在历史的大背景中追寻丰碑人物的思想、风范和足迹，应是知史的捷径。

考虑到现代人时间的宝贵，我们期盼以尽量精短的篇幅容纳尽量丰富的信息，展现尽量宏大的历史画卷和历史规律。为此，我们编撰了这套丛书。

编撰丛书的过程，也是纵览历代风云、伴随伟人心路、吸收历史营养的过程。沉心于书页，我们随处感受着各历史时期伟大人物所体现的推动历史进步的人类征服力量。我们随着伟人命运及事业的坎坷与辉煌而悲喜，为他们思想的深邃精湛、行为的大气脱俗而会意感慨、拍案叫绝。

然而，在思想开始远游和精神获得享受的同时，我们也随之感受到历史脚步的沉重和历史过程的曲折。社会每前进一步都是艰难的，都伴随着巨大的痛苦和付出。历史的伟大在于它最终走向进步，最终在血污中诞生了鲜活的"婴孩"。

历史有继承性和局限性，不能凭空创造。伟人也有血肉，他们的思想、行为因此注定了同样具有历史的局限性和阶级的、时代的烙印；他们的功业建立于千千万万广大人民群众伟大创造的基础上。历史是人民群众创造的，伟大的人物们是历史和时代造就的。同时，我们也无法否定此间他们个人的努力。这也正是我们编撰这套丛书的目的。

我们期盼着这套丛书得到社会的认同，对读者，特别是青少年读者之历史感、成就感和使命感的培养有所裨益。史海浩瀚，群星璀璨。我们以对广大青少年读者负责的精神，精心遴选，以助力青少年成长进步，集结出版了《历史的丰碑》系列丛书，敬请读者批评、指正。

历史的丰碑丛书

编 委 会

策　划：　胡维革　　吴铁光
　　　　　　林　巍　　冯子龙
主　编：　胡维革　　邢万生
副主编：　贾淑文　　谷艳秋
编　委：　（按姓氏笔画为序）
　　　　　　于二辉　　刘士琳
　　　　　　刘文辉　　孙建军
　　　　　　李艳萍　　吴兰萍
　　　　　　杨九屹　　隋　军

大卫·希尔伯特是20世纪上半叶最杰出的数学大师之一。他的工作涉及到数论、代数学、几何学、分析学、积分方程、数学基础，以及理论物理学等众多的研究领域，以其创造性的科学成果和特有的科学精神深刻影响着他那个时代数学的发展，并且在某种程度上至今还影响着数学家们的工作。像希尔伯特这样具有世界影响的杰出数学大师，在数学史上是罕见的。希尔伯特是一位杰出的科学开拓者，是科学探索征途上成功者的楷模。他的成才历史以及他的科学生涯，在很多方面可视为杰出科学人才走上成功之路的缩影。

目　录

历史的丰碑丛书

成才的良好社会环境

> 每一个社会时代都需要有自己伟大的人物，
> 如果没有这样的人物，它就要创造出来。
> ——马克思

　　希尔伯特是在19世纪后半叶走上科学探索之路的，当时，德国已成为世界科学活动的中心。德国的科学盛世，特别是哥尼斯堡良好的文化传统，为他的成才提供了必要的社会环境。

　　在世界范围内，各国的科学发展是不平衡的，这种不平衡性的宏观表现就是存在着世界科学活动的中心，而且这个中心并不是总停留在某一个国家，而是随着历史的发展，从一个国家转移到另一个国家。纵观近代以来的科学历史，在社会生产、社会改革、思想解放运动等诸多因素的影响和作用下，世界科学活动的中心曾相继停留在几个不同的国家，其转移的格局大体上是：意大利→英国→法国→德国→美国，从中心区停留的时间跨度看：

　　意大利（1540～1610年）

英国（1660～1730年）

法国（1770～1830年）

德国（1810～1920年）

美国（1920年～至今）

历史表明，科学活动中心的转移，实际上就是科学人才中心的转移。处于世界科学活动中心的国家，同时也处于世界科学人才的中心，处于科学人才发展的盛世时期。就数学来说，一个国家和民族一旦成为世界科学活动的中心区，这个国家和民族就会数学人才辈出。

大卫·希尔伯特——20世纪上半叶国际数学界的一位领袖人物

　　德国在18世纪末和19世纪初期比英国和法国都落后，以手工业生产为主，几乎没有大工业，封建生产关系仍然占据统治地位，无论在经济上或政治上都很分散，没有形成一个统一的国家，它的资产阶级很弱小，不敢用革命手段来解决资本主义与封建主义之间的矛盾，封建制度和贵族的特权严重阻碍着德国资本主义的兴起。1834年1月，德意志关税同盟的实现，统一的商品市场的形成，为德国发展工业资本主义奠定了广泛而良好的基础。1843年3月革命以后，开始了德意志的资本主义发展时代。1871年统一战争的胜利，标志着近代德国已跻身于资本主义强国之列。在这一社会变革时期，德国政府为了发展工业资本主义，采取了一系列改革措施，包括迅速普及蒸汽机的应用，

→18世纪德意志王宫

柏林大学（现洪堡大学）

以发展铁路为基础的重工业，建立行业内的联合企业和行业间的综合联合企业，保护农业和工商业等。这样，在60年代，终于使德国的经济实力赶上并超过了先进的英国和法国。

在科学研究方面，德国开创了国立科学研究所的科研体制，建立了各种专业的国立研究所，并由国家在预算中正式拨款作为研究经费。这就使科学研究中出现了固定的正规训练和专门职业，使科学工作变得专业化了。在这种科研体制出现之前，人们只能把科学研究作为业余活动，而且个人要承担全部的研究费用。

与此同时进行的是整顿和改革教育体制。自1809年建立了柏林大学，一种新型的高等教育体制逐渐形

成，自然科学在高等学校由原来的附庸地位上升到应有的地位，在高等学校中，教学和科研得到了很好的结合。从19世纪中叶开始，某些德国大学的实验室开始成为科学研究的中心，有的实际上已成为国际科学研究的活动中心。这些研究中心不仅为德国培养着新一代的科学家，而且把世界各地最有才华的青年学生吸引到这里。就这样，资本主义在德国的迅猛发展，科学技术在德国社会生活中地位的显著提高，极大地推进了德国科学技术的发展，使德国继法国之后逐渐成为世界科学活动的中心，成为19世纪产生杰出科学人才的肥沃土壤。就数学而言，首先是"欧洲数学之王"高斯如同一颗璀璨的巨星，出现在19世纪世界数学史的地平线上。随着高斯的出现，数学的花朵从法国逐渐移植到了德国。在这个科学活动中心区，仅由德国数学家取得的重大成果，就占当时世界重大数学成果总数的42%以上。

→『欧洲数学之王』高斯

希尔伯特的青少年时代就是在数学的花朵已从法国被移植到德国，德国数学人才辈出的科学背景中度过的。1862年他诞生的那一年，"欧洲数学之王"高斯已经去世7年，德国数学界需要代表新时代精神的领头人，这个艰巨而光荣的使命，最终就历史地落在了希尔伯特的肩上。任何一个民族、地区都有自己的文化传统，如果一个民族、地区具有尊重科学、重视教育的社会风尚，那就自然有利于科学人才的产生和发展。希尔伯特青少年时代生活的哥尼斯堡就是一座具有优良文化传统的古城。哥尼斯堡建立于13世纪中叶，东普鲁士的首府曾设在这里，使它成为东普鲁士

的行政和文化中心。它位于普累格尔河的两条支流之间，这两条河汇合后流入波罗的海。这是一座幽静秀丽的古城，它的文化传统与好几位著名科学家的名字联系着。对哥尼斯堡的文化传统产生重大影响的第一位伟大学者，首推著名天文学家、哲学家康德。康德及其科学思想，对希尔伯特的成才以及后来的工作有过深刻的影响，尤其是希尔伯特的数学基础论思想，在许多方面可直接或间接地追溯到康德那里。康德在科学上的第一项重大贡献，也是最重要的贡献，是把牛顿的关于太阳系起源自神的第一次推动，变为物质运动发展的自然历史过程。1754年，他发表了"论地球自转是否变化和地球是否要衰老"的论文，对"宇宙不变论"大胆提出了怀疑。1755年，他发表了名著《自然通史和天体论》，在这部著作中，康德首次提出了历史上关于太阳系起源的星云假说。在他之前，牛顿曾运用万有引力定律解释了行星的轨道，但是牛顿却把行星的运动归结为上帝的第一次推动。康德认为，太阳系内的各个天体是由原始星云凝聚而成的，原始星云是由充满广大空间的各种运动状态的微粒组成的，由于万有引力的作用，微粒互相接近，逐渐形成团块，较大的团块成为引力中心，中心体不断吸引周围的微粒和小团块而变大，最后聚集成为太阳。同时，有些微粒在向中心体降落过程中，因相互碰撞向旁偏转而围绕中心体做圆周运动，于是，这些微粒又各自形成小的引力中心，最后聚集成为行星。康德的学说不仅提出了太阳系的起源问题，而且在哲学上具有重要意义。恩格斯对此曾给予高度评价："在这个僵化的自然

←牛顿

→康德

观上打开第一个缺口的，不是一个自然科学家，而是一个哲学家，1775年出现康德的《自然通史和天体论》。关于第一次推动的问题被取消了，地球和整个太阳系表现为某种在时间的进程中逐渐生成的东西。""康德在这个完全适合于形而上学思维方式的观念上打开了第一个缺口，而且用的是很科学的方法，以致他所使用的大多数论据，直到现在还有效。"

康德的名字使哥尼斯堡城倍增光彩，为怀念康德，哥尼斯堡人喜欢将自己的家乡称为"康德之城"，在克奈芳福岛上的哥尼斯堡大教堂附近还树立了他的半身塑像。每到10月22日康德诞辰的这一天，地下圣堂对公众开放，有此机会，和别人的家长一样，小希尔伯特的母亲总是喜欢带着自己的孩子去康德墓地，瞻仰康德的半身像，端详他那熟悉的面孔，认真地拼读圣墙上康德的格言："世上最奇妙的是我头上的灿烂星空和我内心的道德准则。"康德巨大的声誉，使希尔伯特从小就受到了热爱科学的熏陶。

　　在希尔伯特成才的历史上，哥尼斯堡大学的数学传统是值得提出的。哥尼斯堡大学建立于1734年，雅可比开创了它的数学传统，雅可比21岁毕业于柏林大学，23岁到哥尼斯堡大学任副教授，25岁晋升为教授，他在哥尼斯堡大学赢得很高声誉，被选为柏林科学院院士、法国科学院院士、英国皇家学会会员，还是彼得堡科学院、维也纳科学院、马德里科学院以及其他一些科学院的名誉院士或通讯院士。雅可比的继承人是里奇劳特，他留给哥尼斯堡人最深刻的印象是热心教育，珍惜人才，他以发现外尔斯特拉斯而名垂数学史册。1841——1851年间，外尔斯特拉斯还是一

← 康德安息之地：俄罗斯哥尼斯堡大教堂。

名不为学术界所知的中学教员，他白天忙于繁重的教学任务，只能利用晚间苦心钻研数学。里奇劳特得知外尔斯特拉斯的数学才能，积极劝说哥尼斯堡大学授予他名誉博士学位，还亲自到离城60公里以外的小市伦斯堡授给这位中学教员学位证书。里奇劳特谦虚地称外尔斯特拉斯为"我们的老师"，并预言他必将在数学界有出人头地之日。不久，外尔斯特拉斯果真名声显露，后经库麦尔引荐，被聘为柏林大学教授。外尔斯特拉斯的这段经历为哥尼斯堡大学增添不小光彩。

哥尼斯堡大学的数学传统，还与大数学家欧拉的名字联系着。这个联系是由该城别具特色的7座桥引起的。这7座桥连接河心岛O、两岸A、图1B和半岛C（如图1所示）。每到节假日，居民们来河心岛游玩时，大都喜欢走遍7座桥。久而久之，不知谁对7座大桥的配置方式发生了兴趣，开始寻找一种有趣的漫步路线：一次通过这7座桥，不准在任何一座桥上重复通过。这就是数学史上著名的"哥尼斯堡7桥问题"。为找到

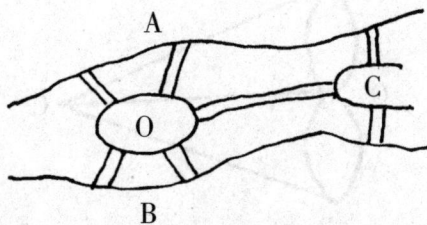

图1

这样的漫步路线，许多名人参加了尝试，可是试来试去谁也没能达到目的。1736年，有几名大学生写信给当时任彼得堡科学院院士的数学教授欧拉，请他帮助解决。年仅29岁的欧拉不几天就回信给出了问题的答案，不过，欧拉的答案与大学生们所期望的完全相反，他告诉大学生们，一次不重复地走过这7座桥是不可能的。欧拉解决这一问题的思路是：用抽象分析法把河心岛、半岛和两岸分别抽象为点O、C、A、B，把7座桥抽象为7条线。于是，一次不重复地通过这七座桥的问题，就转为一笔不重复地画出如图2所示的几何图形的问题。

欧拉得出结论：任何一个一笔画出的连通图，要么没有"奇次点"，要么只有两个"奇次点"。在哥尼斯堡7桥的抽象图中，O、A、B、C都为"奇次点"，因此不能一笔画出，哥尼斯堡7桥也就自然不能一次不重复地通过。

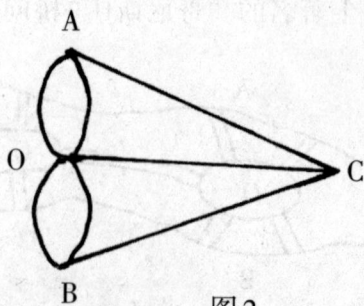

图2

哥尼斯堡人出自好奇心而提出的问题，以及欧拉对问题的答案，在数学史上占有着重要的地位，它成为拓扑学的一个重要发端。后人把数学上的能一笔无重复画出的线路称为"欧拉路"，把欧拉提出的那个判定定理称为"欧拉定理"。对哥尼斯堡的大学生来说，这个问题的提出和解决，使他们亲身体验到了数学的巨大力量。

希尔伯特在这样一座具有良好文化传统的小城中度过了青少年时代。他出生在一个并不十分富裕，但却受人尊敬的法官家庭，祖父和父亲都是当地的法官，有一个叔叔是律师，另一个是大学预科学校的校长。他的母亲是当地一名商人的女儿，受过良好的教育，对哲学、天文学和数学很感兴趣，并且被素数的奇妙性质弄得着了迷。也许正是母亲身上潜在的数学素质和哥尼斯堡的良好数学传统使希尔伯特后来没有成为一名法官，而是成为一名有成就的数学家。

→《数学发展的世界之桥——希尔伯特的故事》

把人生献给数学

> 人生之要事在于确立伟大的目标与实现这目标的决心。
>
> ——歌德

社会经济的繁荣、科学技术的盛世以及民族、地区的文化传统，只能为人才的产生和发展提供良好的社会背景。一个人究竟能否完成由潜才到显才的转化，起决定性作用的因素则是本人的努力和奋斗，而这种努力奋斗又总是围绕着人生选择进行的。因此恰当的人生选择对于青少年的培养和发挥其才华有着极为重要的意义。希尔伯特成功的一个重要原因，就是他把数学选择为自己终生的奋斗目标。

希尔伯特的启蒙教育比较晚，8岁才上学，而且并不显得比别人聪明，学习成绩一般。他先上了皇家腓特烈预科学校，这所私立学校在哥尼斯堡名声极好，康德就是该校的毕业生。但这座学校的教育思想却很保守，初级部（相当于小学）课程的内容，主要是阅读和书写日耳曼语和罗马语，分析简单的句子和一些

圣经故事，算术知识少得可怜。本科部（相当于中学）仍以语言课为主，拉丁语和希腊语被视为至高无上的课程，数学课不被重视，而自然科学的课程就根本不开设。

希尔伯特对古典语言课程不感兴趣，他不喜欢死记硬背，他的作文常常要有母亲的帮助才能完成。也许是母亲数学素质的影响，希尔伯特的数学理解力非常强，能给同学讲解数学问题，家里人大都认为他的脑子有点怪，唯有母亲真正了解他。

值得庆幸的是，在预科学校最后的一个学期，希尔伯特从腓特烈预科学校转到了威廉预科学校。这是一所公立学校，很重视数学和自然科学课程，甚至讨论几何学的新进展。希尔伯特不必为把精力全放在语言课和拉丁语、希腊语的死记硬背上而烦恼了，他用心学习数学。老师也看出了他在这方面有些天赋，给他不少个别指导和帮助。他的勤奋使他的多门课程几乎全都是优等，数学成绩更好，得了当

→腓特烈大帝

时最高的成绩——"超等"。在毕业考试中，他的笔试考得异常出众，以至免去了口试。在他的毕业证书的评语中写有："他对数学表现出极强烈的兴趣，而且理解深刻，他用非常好的方法掌握了老师讲授的内容，并能有把握地、灵活地应用它们。"预科学校毕业后，父亲执意要他学法律，他却不顾父亲的反对报名攻读数学。把人生献给数学，已成为他的奋斗目标。

Salar Latin Oğış İlipbesi (草稿 5月2日)

Aa altun	Bb bas	Çç çükgu	Dd döyi	Ee em
Ff foto	Gg gölix	Ĝĝ gamjü	Ğğ baga	Ǵǵ gurğunçux
Hh han	Ħħ heli	Iı ısnı	İi işt	Jj jijex
Kk kegilix	Ll loñhi	Mm mişüx	Nn neme	Ññ oña
Oo oğış	Öö öy	Pp piçih	Qq qısğuş	Rr rıtıhji
Ss süt	Şş şügun	Tt tülağü	Uu urluh	Üü ütix
Vv vama	Xx ıxın	Yy yümüh	Zz zanzı	

本撒拉尔语拉丁字母表共有34个字母，其中8个元音字母，26个辅音字母，有大小写之分。中国撒拉尔文化复兴和文字改革委员会2007年5月监制。

← 拉丁语撒拉尔拉丁文字母图表

1880年秋，希尔伯特考入哥尼斯堡大学哲学系，当时数学专业设在哲学系。此时，希尔伯特已经18岁，和那些早慧科学家相比，以这样的年龄起步攻读数学，已经是比较迟的了。大学生活与预科学校有着

明显的不同，这里充满着自由的学习气氛，没有预科学校那种刻板的课程设置和种种严格的规矩。课程由教授们自己安排，学生可随意选学他们喜爱的任何一门课程。在大学的第一年，刚从预科学校的束缚中解放出来的学生，大都有松口气的情绪，他们把大量时间用于消遣上。希尔伯特却不然，他一开始就把精力放在数学上，根据当时的习惯，大学生可以随便到其他大学听课，这种流动式的学习，可使学生们开阔眼界。第一学期，希尔伯特在本校听了积分学、矩阵论和曲面的曲率论3门课。第二学期，他到海德尔堡大学选听了富克斯的微分方程课。富克斯是著名数学家外尔斯特拉斯的学生，后来被聘到柏林大学任教，成为外尔斯特拉斯的助手和好友。微分方程论是他素有专长的研究领域，著名的富克斯方程就是他在这一领域的研究成果。他还把微分方程理论卓有成效地移植到复变函数论的领域。富克斯讲课生动形象，给人印

印刷体	正体	Aα Bβ Γγ Δδ Eε Zζ Hη Θθ Iι Kκ Λλ Mμ Nν Ξξ Oο Ππ Pρ Σσ Tτ Yυ Φφ Xχ Ψψ Ωω
	斜体	*Aα BB Γγ Δδ Eε Zζ Hη Θθϑ Iι Kκ Λλ Mμ Nν Ξξ Oο Ππ Pρ Συς Tτ Tυ Φφ Xχ Ψψ Ωω*
手写体		*Aα Bβ Γγ Δδ Eε Zζ Hη Θθ ϑι Kκ Λλ Mμ Nν Ξξ Oο Ππ Pρ Σσ Tτ Yυ Φφ Xχ Ψψ Ωω*

← 希腊语字母表

← 夏洛滕堡宫

象深刻，他习惯于对所讲的内容在课堂上现想现推，这种讲课方法风险很大，容易把自己置于困境，但却受到学生们的欢迎，因为他们由此能得到一个机会，亲眼看到数学大师的思维活动实际上是怎样进行的。希尔伯特在后来的教学中，也习惯于课堂上现想现推，在很大程度上是受到富克斯的影响。第三个学期，可能由于哥尼斯堡人固有的家乡观念，希尔伯特返回了哥尼斯堡大学。这时的哥尼斯堡大学只有韦伯一名数学教授，他是雅可比和里奇劳特的很好的继承人。他多才多艺，在代数数论、函数论、代数几何、数学物理方程等方面都有重要的成果。他和黎曼合著的《数学物理的偏微分方程讲义》，在20世纪初是应用数学解决物理问题常用的参考书。希尔伯特从韦伯那儿学

→闵可夫斯基不等式

设 $x_1, x_2, \cdots, x_n \in R, n \in N^*$，则有

$$\sqrt{x_1^2+1} + 2\sqrt{x_2^2+1} + \cdots + n\sqrt{x_n^2+1} \geq \sqrt{(x_1+2x_2+\cdots+nx_n)^2 + \left[\frac{n(n+1)}{2}\right]^2} \qquad (1)$$

证明：$(1) \Leftrightarrow \sqrt{x_1^2+1^2} + \sqrt{(2x_2)^2+2^2} + \cdots + \sqrt{(nx_n)^2+n^2} \geq \sqrt{(x_1+2x_2+\cdots+nx_n)^2 + \left[\frac{n(n+1)}{2}\right]^2}$ (2)

下面用几何方法证明(2). 作 n 个直角 $\triangle A_1B_1C_1, \triangle A_2B_2C_2, \cdots, \triangle A_nB_nC_n, C_1, C_2, \cdots, C_n$ 是直角顶点，它们的直角边边长依次为 $|x_1|$ 和 $1,\ 2|x_2|$ 和 $2,\cdots, n|x_n|$ 和 n，则它们的斜边长依次为 $\sqrt{x_1^2+1^2}, \sqrt{(2x_2)^2+2^2}, \cdots, \sqrt{(nx_n)^2+n^2}$，将这 n 个直角三角形的斜边 $A_1B_1, A_2B_2, \cdots, A_nB_n$ 依次序首尾相接（直角边 $A_1C_1, A_2C_2, \cdots, A_nC_n$ 水平放置，$C_1B_1, C_2B_2, \cdots, C_nB_n$ 竖直放置），则直角 $\triangle A_1B_nC$ 的直角边边长 $AC = |x_1|+2|x_2|+\cdots+n|x_n|,\ CB_n = 1+2+\cdots+n = \dfrac{n(n+1)}{2}$

斜边长 $A_1B_n = \sqrt{(|x_1|+2|x_2|+\cdots+n|x_n|)^2 + \left[\dfrac{n(n+1)}{2}\right]^2}$，显然有

$A_1B_1 + A_2B_2 + \cdots + A_nB_n \geq A_1B_n$，

$\therefore \sqrt{x_1^2+1^2} + \sqrt{(2x_2)^2+2^2} + \cdots + \sqrt{(nx_n)^2+n^2} \geq \sqrt{(|x_1|+2|x_2|+\cdots+n|x_n|)^2 + \left[\dfrac{n(n+1)}{2}\right]^2}$

$\geq \sqrt{(x_1+2x_2+\cdots+nx_n)^2 + \left[\dfrac{n(n+1)}{2}\right]^2} = \sqrt{(x_1+2x_2+\cdots+nx_n)^2 + \left[\dfrac{n(n+1)}{2}\right]^2}$

所以，不等式(2)成立，从而不等式(1)成立。

习了数论、函数论，还参加了韦伯组织的不变量理论的讨论班，初步接触和熟悉了这门理论。在以后的 10 年里，这个新的领域一直是希尔伯特数学攻关的主要目标。

1883 年，韦伯离开哥尼斯堡去夏洛滕堡任教，林德曼被邀接替了他的教授职位。一年以前，林德曼在学术界还是无名气的小人物，只是由于证明了 π 的超越性而名声大振。他的这项工作首次解决了"化圆为方"的不可能问题，这道数学难题困扰历代数学家长达 2000 多年。

林德曼开设的讨论班很出名，希尔伯特是这个讨论班的积极参加者，在那里他进一步熟悉了不变量理论，并对它产生了浓厚兴趣。希尔伯特的博士论文是在林德曼的指导下完成的。起初，他想去研究连分数的一种推广，林德曼告诫他："很不幸，雅可比早就完成了这项工作。"在林德曼的建议下，希尔伯特选择了不变量论中的问题：关于某些代数形式的不变性质。这个题目的难度对考博士学位的人来说恰到好处，有难度又有希望解决。希尔伯特的这篇论文作得很出色，思路独到，受到林德曼的高度评价。

希尔伯特在大学时代所受到的最大影响，不是听课，不是看书，也不是参加讨论班，而是同两位青年数学家的密切交往：一位是闵可夫斯基；另一位是赫尔维茨。

闵可夫斯基一家是1872年秋，也就是希尔伯特10岁那一年，从俄国靠近科夫诺的亚力松坦搬到哥尼斯

←哥廷根

→哥廷根大学

堡的，他家和希尔伯特家只隔一道普累格尔河。闵可夫斯基比希尔伯特小两岁，和希尔伯特不同，他不仅是一名早慧少年，而且酷爱古典文学。当希尔伯特苦于预科学校的语言课非要死记硬背时，他正在悉心阅读莎士比亚、席勒和歌德的作品，几乎把歌德的著作全都能背下来，闵可夫斯基在少年时代就表现有与众不同的数学才能。据说有一堂课，老师把一道数学题解错了而"挂了黑板"，学生们异口同声地叫道："闵可夫斯基，去帮帮忙！"他只用5年半就学完了预科学校8年的课程，随后便考入哥尼斯堡大学攻读数学。他先到柏林大学学习了3个学期，在那里因成绩出色得到一笔奖金，这笔钱他给了一个家境贫寒的同班同学。1882年春，他返回哥尼斯堡大学继续学习，同年成功地解答了巴黎科学院出榜征答的问题：将一个数表成5个平分数的和，经评审，闵可夫斯基和已去世的著名英国数学家史密斯共享了这份数学大奖，这一成功轰动了数学界，也由此引起一场风波。原来，英国的数学家们提出抗议：居然让一个小孩子和他们已过世的尊贵同胞分享一份数学奖，简直是丢他们这位同胞的脸。巴黎科学院并没有在这种压力面前让步，法国著名数学家、巴黎科学院院士约当写信鼓励闵可夫斯基："干吧！我请求你，干成一个伟大的数学家。"这件事在哥尼斯堡更是传为佳话，希尔伯特看在眼里，喜在心头，很快就和闵可夫斯基交上了朋友。赫尔维茨比希尔伯特大3岁，他是1884年春从哥廷根到

←哥廷根大学

哥尼斯堡大学担任副教授的，和闵可夫斯基一样，他也是数学方面早熟的人才。他的父亲是一个普通的工匠，家庭生活很清贫。在预科学校念书时，赫尔维茨就显示出与众不同的数学才能，受到老师舒伯特的赏识，舒伯特常在星期天给他单独指导，并劝说他的父亲支持孩子继续深造，此间师生俩还合作发表了论文。在舒伯特的动员下，父亲从亲朋那里借来钱让儿子上了哥廷根大学，赫尔维茨在克莱因的门下，以优异成绩获得了博士学位。

希尔伯特和闵可夫斯基很快就同这位年轻的副教授建立了密切的友谊。共同的科学兴趣和对科学的乐观态度，把他们3人紧紧地连结在一起。每天下午5点正，3个人准时相会去校园内的苹果树下进行"数学散步"。赫尔维茨有着广泛而坚实的基础知识，又经过很好的整理，他是理所当然的领头人，其他两位对这位年轻的师长心悦诚服。

在日复一日的数学散步中，3位年轻人仔细勘察着数学王国的每一个领域，热烈地讨论着当代数学发展中的各种重大问题，相互交换对问题的理解，交流彼此的想法和研究计划。希尔伯特像海绵吸水一样从两位数学天才身上吸收数学知识和数学研究的技艺。他感到，这种最悠然而有趣的学习方式，是最有成效的，比钻在昏暗的教室或图书馆里啃书本不知要好多少倍。

　　苹果树下的数学散步，使希尔伯特给自己未来的事业打下了全面而牢固的基础。在后来的数学研究中，希尔伯特之所以能够在好几个领域作出重大的成果，在1900年的巴黎国际数学家代表大会上提出23个预示数学未来发展方向的著名难题，是与他的这段经历分不开的。

希爾伯特的
23個數學問題

The Hilbert Challenge
by Jeremy J. Gray
淡江大學數學系教授 胡守仁 譯

← 《希尔伯特的23个数学问题》

通往成功的学习旅行

成功的第一个条件是真正的虚心。

——斯宾塞

1884年秋，希尔伯特完成关于代数不变量理论问题的学位论文，12月11日通过口试。1885年2月7日，他通过答辩正式被授予哲学博士学位，在科学生涯中迈出了决定性的第一步。此时他深感自己还没有真正把握住当代数学思想的脉搏，还缺乏数学创造必要的经验和明确的目标。为了克服哥尼斯堡由于偏远而带来的局限，他决定作一次长途学习旅行，走访数学界的名家。赫尔维茨建议他第一站到莱比锡拜访克莱因。年仅36岁的克莱因当时已成为数学界传奇式的人物。他在波恩大学念书期间

→ 《古今数学思想》作者：克莱因

就担任著名数学家普吕克的助手，在其指导下开始发表数学成果。20岁刚过便进入成果累累的创造时期，22岁获得哥廷根大学教授资格，因无空缺没能前往就职，第二年在爱尔朗根当上了教授。在就职典礼上，他发表了"关于现代几何学研究的比较考察"的演讲，这就是数学史上著名的"爱尔朗根纲领"。这个纲领的历史意义，在于首次用群的概念把众多不同的看起来毫无关系的几何统一了起来，并做了科学的分类。它提出了一种新的数学观念：每一种几何都有一种群相对应，几何学的任务也就是探究图形在群的变换下所保持的不变的性质，这一新的概念支配着几十年后的几何学的研究方向。克莱因是5年前从慕尼黑高等工业学校来到莱比锡大学任职的，在这期间，有两所大学给他下过聘书，先是美国的霍普金斯大学，接着是哥廷根大学，前一个他拒绝了。希尔伯特来访时，他

←波恩大学的主校楼

刚刚作出去哥廷根的决定，克莱因很器重这个从哥尼斯堡来的年轻博士，并邀请他参加自己主持的讨论班，从希尔伯特在讨论班上的报告中，克莱因一眼就看出了这是一位很有数学才干的青年人。他后来回忆起希尔伯特的这段来访时说："一听他的报告，我就知道他是一个数学方面的后起之秀。"希尔伯特在讨论班上提出的那个报告，克莱因一直精心保存着。希尔伯特的卓越才能使他很快成了莱比锡数学界的一名活跃成员，他和克莱因结下了深厚的友谊。新年除夕，克莱因邀请希尔伯特参加家里举行的"小型宴会"，出席者除克莱因和他的夫人外，只有希尔伯特和另一位青年数学家皮克博士。这两位青年人是克莱因精心挑选的客人，在谈话间，克莱因极力说服希尔伯特去巴黎访学。

从 18 世纪末到 19 世纪上半叶，巴黎一度成为世界

→ 霍普金斯大学

数学活动最活跃的地方，以巴黎高等工艺学院为中心云集了一大批有才干的数学家。随着19世纪30年代世界科学活动中心向德国的转移，巴黎盛开的数学花朵开始逐渐凋谢。50年代以后，法国数学进入相对低潮时期。然而，巴黎数学传统的余晖，对世界数学的发展仍然有着强有力的影响，尽管放射闪电般光辉的杰出人物已经屈指可数，然而崭新的代表时代精神的数学思想在巴黎还是不断产生着。

在巴黎，希尔伯特一心扑在数学上，除了访问天文站外，几乎没有去别处观光。他首先拜访了彭加勒。这位31岁的法国数学大师比希尔伯特大8岁，已经发表了100多篇论文。彭加勒27岁成为巴黎大学的教授，33岁被选为法国科学院院士。就在希尔伯特来访的这一年，瑞典国王奥塞尔二世提出在所有国家的数学家中，进行一次有关三体问题的竞赛，彭加勒获得一等

← 居高临下，巴黎的美景尽收眼底。

→
《科学与方法》作者：昂利·彭加勒

奖，这是他的许多杰作之一。希尔伯特选听了彭加勒的位势理论和流体力学课，通过几次交往，两人建立了长期的友谊。

　　在这期间，希尔伯特还拜访了老一辈数学家达布·约当和爱米特。爱米特知道这位德国青年很关心不变量理论，所以大部分谈话都是关于不变量的。他尽可能详细地向希尔伯特追溯了不变量理论的历史，介绍了不变量理论中最著名的、仍悬而未决的"果尔丹问题"。这一著名难题引起希尔伯特极大的兴趣，攻克这一难题的大胆想法就是此时产生的，3年之后，希尔伯特果真取得了成功。除了学术拜访和听课外，希尔伯特还参加了数学界的几次学术会议，在会议上尽可能去结识那些他所敬慕的数学家。

　　1886年6月底，希尔伯特返回哥尼斯堡，途中在哥廷根访问了刚刚到职的克莱因，向他详细汇报了巴黎之行的收获。实际上，克莱因对这些早已有所了解，因为希尔伯特在巴黎期间一直和他保持着通信联系。路经柏林时，希尔伯特访问了63岁的克隆尼克。克隆尼克1845年毕业于柏林大学，是库麦尔的得意门生，早年经营商业和农事，数学只是他的业余嗜好。商业上的成功，使他有可能在30岁就退出商界专心数学研究，他虽然长期在柏林大学讲课，可直到60岁时才接替库麦尔正式任教授职位。他在高等代数和数论方面有许多重要贡献，著名的数论难题"克隆尼克青春之梦"，就是由他提出的。他是数学算术化的积极拥护者，他认为数学上的存在只能是那些能够用有限步骤

←巴黎大学

构造出来的东西，就像分数能表示成两个整数比一样。因此他只承认能够用整数表示出来的数，不承认无理数和超越数，更不承认康托尔的无限集合论。他曾指责林德曼关于π的超越性证明工作："你那个关于π的漂亮研究有什么用呢？无理数根本就不存在，你为什么要研究这种问题？"他对问题的看法独断专横，语言刻薄，对分析学严密性的攻击，几乎把德高望重的外尔斯特拉斯弄得老泪横流；对集合论的攻击，造成了康托尔的精神分裂症。

　　当希尔伯特打算去拜访这位让人望而生畏的数学名家时就有人提醒他，不要指望得到友好的对待。可是，在柏林希尔伯特并没有遭到克隆尼克的冷遇，两

→柏林

人在交谈中相处得很好。克隆尼克尽情而自信地向这位青年数学家谈论自己的计划：将数学"算术化"，从数学中清除一切"非构造"的概念。"假如我不能做这件事"，他说，"追随我的人将会去实行"！事隔一年多，希尔伯特第二次拜访他时，他仍然把大量的时间用于讨论究竟是什么东西构成数学实体的问题，并反复地强调"只有离散的和单个的事物有意义"。希尔伯特很看重和克隆尼克的交谈，每次都在小本子上认真记录，而且比访问其他数学家的谈话记的要多。克隆尼克在希尔伯特后来的科学生涯中有着双重的影响。这种影响明显表现在：希尔伯特一方面吸收和继承克隆尼克的某些思想和方法，另一方面又同他的直觉主

←慕尼黑大学

义观点作坚决的斗争。

回到哥尼斯堡后，希尔伯特集中精力准备为获得讲师资格的论文，内容仍然是关于不变量的。1886年7月，他顺利通过学术考核。做讲师的第一年，他开设了不变量理论、行列式理论和流体动力学等课程。1888年3月，他再次开始了那启人思绪的学习旅行。他选定的旅行路线使他能顺路访问21位著名的数学家，重点则是放在爱尔朗根，去觐见"不变量之王"——果尔丹。果尔丹比希尔伯特大25岁，很晚才从事科学事业，他为人坦率，很重友谊，对年轻人如同父兄。他用大半生从事不变量理论研究，几乎所有的时间都在谈论代数不变量理论。他以突破一个著名的不变量问题开始了他的科学生涯，并因此荣获"不变量

→哥廷根

之王"的美誉。为纪念他一个更一般的仍未解决的重大问题，被命名为"果尔丹问题"。在希尔伯特到达爱尔朗根之前，果尔丹刚好发表了他的《不变量理论讲义》的第二部分，书中详细地阐述了他的思想和方法。希尔伯特亲自聆听了"不变量之王"关于果尔丹问题的看法，弄清了果尔丹研究不变量问题的基本思路和方法。他感到，这是一个意义重大而关键的问题，这个问题强烈地吸引着他。回到哥尼斯堡之后，果尔丹问题一直占据着他的整个身心，无论是工作还是娱乐，甚至在跳舞的时候，他都在思考，寻求解决它的办法。同年8月，他突然宣布找到了问题的答案，使整个数学界为之一惊，果尔丹问题的解决，使希尔伯特在数学界首次赢得了巨大声誉。这项工作表明他的创造力已经进入成熟时期，因而可作为他完成由潜才到显才过渡的重要标志。他下一步的重要目标，则是尽快攀登上现代数学的高峰，成为第一流数学家，此时，他已经26岁。前后两年的学习旅行，在希尔伯特的一生中有着决定性的意义，它使希尔伯特开阔了思想，增长了才干，找到并踏上了通往成功的道路，以后发生的事情，则使希尔伯特的学术地位迅速上升。1892年，在哥尼斯堡当了8年副教授的赫尔维茨被聘到苏黎世瑞士联邦技术学院任教授，希尔伯特接替了他的位置。可是晋升教授却

是一件很不容易的事情，在当时的德国，能升任教授的只是寥寥无几的少数人。一般的情况下，教授的席位是固定不变的，只有在现有教授离职、退休或去世后，才能选拔继承人递补。在柏林大学，当时只有3名数学教授，在大多数大学里，仅有2名，而哥尼斯堡大学只有一名。希尔伯特还算幸运，1893年，林德曼接受了慕尼黑大学的邀请，前往就职。经林德曼提名，希尔伯特接任了教授职位。希尔伯特梦寐以求的夙愿是到哥廷根工作，对他来说，最富有吸引力的是那里有从事学术研究的良好的环境，有高斯开创的光辉的哥廷根科学传统，有克莱因这样伟大的人物，而且在当时，能当上哥廷根教授，就意味着赢得了第一流数学家的声誉。克莱因的声望吸引着世界各国的青年数学家，他的讲演被奉为经典，学生们称他为"云

→哥廷根市政厅

端的神"，为了哥廷根的事业，克莱因也需要希尔伯特这样的天才。1894年，机会终于来到了，他决定接受斯特拉斯堡大学的邀请，辞去哥根廷教授职位，克莱因积极向哥廷根教授会推荐希尔伯特。12月初，希尔伯特收到克莱因的来信，信中充满热情地写道："为了我的科学团体，我需要你这样的人。这是因为你的研究方向，你丰富而强有力的数学思想，还有，你仍然处在富于创造活动的年龄。我指望你能给这里的数学学派增添新的内部实力，这种力量已经有过不停顿的增长，看来，它还将变得更强。甚或，你还会产生出使我返老还童的影响。"

希尔伯特在回信中高兴地写道："我的一切努力所追求的最终目的，我本希望只能在遥远的未来才能够实现的夙愿，已经有了实现的可能，丝毫不必怀疑，我将万分喜悦并毫不踌躇地接受哥廷根的召唤。"

经过克莱因的努力，希尔伯特如愿以偿。1895年3月，33岁的希尔伯特来到哥廷根，由此进入他一生的黄金时代。随着哥廷根生活的到来，希尔伯特开始跻身于现代数学家的前列。若干年后，许许多多第一流数学家的名字变得黯淡了，可希尔伯特的名字却愈加光彩照人。

可贵的反常规科学精神

打破常规的道路指向智慧之官。

——布莱克

如果一个证明看起来的唯一错误是它不合常规，那么要敢于接受，敢于接受不合常规的数学和一切。

——维纳

数学研究是高度复杂、极富创造性的一种认识活动，它不仅需要坚实的数学知识，有效的研究方法，而且还需要大胆的反常规精神。在科学研究中，反常规是相对常规而言的，反常规精神的可贵之处就在于不墨守成规，不囿于传统，敢于离经叛道，敢于革旧立新。科学的历史表明，大凡作出突破性重大成果的科学家，无一不是具有反常规精神的人。就数学领域而言，公元前5世纪，希伯索斯敢于反毕达哥拉斯学派"宇宙是整数的和谐体系"的陈旧观念，发现无理数2；17世纪30年代，笛卡儿敢于反"几何和代数分道扬镳"的传统思维模式，发明解析几何；19世纪20年代，罗巴切夫斯基敢于反"欧氏几何是唯一可能几何"的传统观念，创立非欧几何；19世纪70年代，康托尔敢于反自亚里士多德以来对无穷问题的传统思考方式，创立超穷集合论；20世纪60年代，托姆敢于反传统微积分的连续思想方法，创立突变理论等等，都明显体现了科学中的反常规精神。希尔伯特作为从事创造性数学研究的杰出人物，同样是一位富有反常规精神的科学勇士，他的许多重大成果的取得，是与他的反常规精神分不开的，这里仅就他成功解决著名"果尔丹问题"为例作以剖析。果尔丹问题是19世纪中叶代数不变量理论的一个前沿问题，也是近代数学史上的著名难题之一。"不变量"一词，通俗地理解，是指被研究的对象在某种变换下保持不变的那些量，它们可以是数量、向量或其他类型的量。例如，几何图形的线段的长度和角的角度是刚体变换下的不变量。不变量理论发端于对图形的几

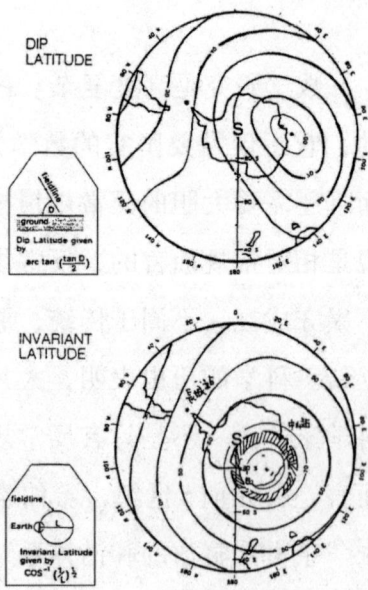

南极地磁纬度图，分别使用两种不同磁极定义(磁倾极和不变量极)。

不变性质的研究。早在17世纪射影几何学肇始时期，数学家们就注意到，从某点作一图形的投影，取这投影的一个截景，这就把原图形变换成了一个新的图形，原图形中那些在变换后保持不变的性质是值得认真研究的。射影几何学的任务就是研究图形在射影变换下不变的那些性质，如点、直线，在一直线上的4点的交比和过一点的4直线的交比等，在射影变换下都是保持不变的。解析几何的创立，使代数方法广泛应用于几何图形性质的研究。由于可以用代数式来表示几何图形及其性质，就使得对图形在变换下不变性质的研究，转变成了对代数表达式在坐标变换下不变量的研究，由此也就产生出一个新的重要概念——代数不变量。

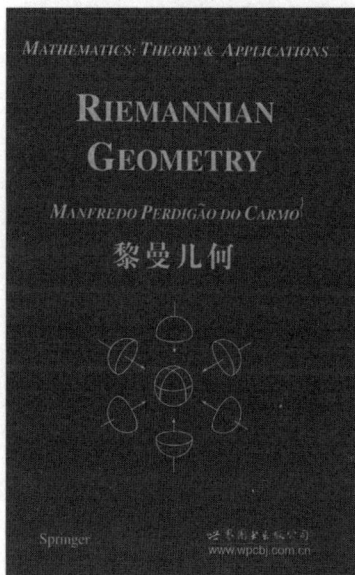

MATHEMATICS: THEORY & APPLICATIONS

RIEMANNIAN
GEOMETRY

MANFREDO PERDIGÃO DO CARMO

黎曼几何

Springer 哈尔滨出版公司
www.wpcbj.com.cn

当时人们把代数不变量和双有理变换的研究称为代数几何。

代数不变量总是相对某种变换而言的，最简单的变换是线性变换。为说明代数不变量概念的实质，我们以二元二次型在线性变换下的不变量为例。

二元二次型是指带两个变数的二次多项式，一般地可表示为

$ax^2 + 2bxy + cy^2 + 2dx + 2ey + f$。（1）

线性变换相当于把坐标 x 和 y 经过旋转和平移变换为新坐标 x′ 和 y′，一般地可表示为：

$x = \alpha_1 x' + \beta_1 y'$，

$y = \alpha_2 x' + \beta_2 y'$。

在线性变换的作用下，二元二次型（1）变成了

$a'x'^2 + 2b'x'y'2 + c'y'^2 + 2d'x' + 2e'y' + f'$。（2）

（1）式中的系数经过变换后显然都改变了，但存在着由系数组成的一些式子，它们的数值经过变换后并不改变，这些式子就是二元二次型在线性变换下的不变量，下面就是这样的一些不变量：

$I_1 = a+c$，

$I_2 = ab$

$bc = ac - b^2$，

$I_3 = abd$

bce

$def = acf + 2bed - cd^2 - fb^2 - ae^2$。

也就是说，I_1、I_2、I_3 对（1）和（2）式的系数各自保持不变，即

$a+c=a'+c'$，

$ac-b^2=a'c'-b'^2$，

$acf+2bcd-cd^2-fb^2-ae^2$。

$=a'c'f'+2b'e'd'-c'd'2-f'b'^2-a'e'^2$。

I_1、I_2、I_3叫做基本不变量，二元二次型在线性变换下的所有不变量，都可以通过这3个基本不变量来表达。

不变量理论研究的最初方向，是发现那些特殊的不变量，如二元二次型在线性变换下的各个不变量。当数学家们求得许多特殊的不变量之后，便转而去探求不变量的完备性，即对已给数目的变量和次数的一个型，求其基本的不变量，使得任何其它的不变量可以通过基本不变量表达出来。如二元二次型在任何线性变换下的不变量，都可通过基本不变量I_1、I_2和I_3表达出来。这就产生了一个一般性的问题：对于给定的

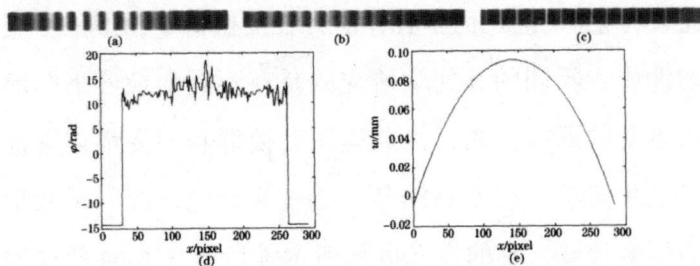

（a）一行干涉条纹图，（b）希尔伯特变换后的条纹图，（c）高通滤波后的条纹图。

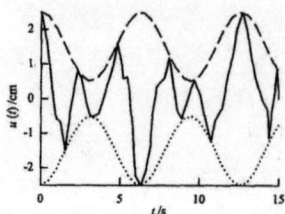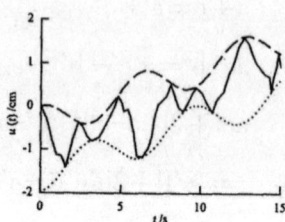

希尔伯特变换的适用条件

型，是否存在一组有限的基，使得其它所有的不变量，都能够用这组基的有理整式表出？果尔丹首先解决了二元型有限完备系的存在性问题，由于他后半生主要从事不变量理论研究，并取得明显成果，使得他在学术界赢得了"不变量之王"的美誉。为了纪念他，上述求不变量完备系的一般性问题，就冠上了他的名字。

随着不变量理论在数学各部门应用的扩大，不变量理论的重要作用日益显露出来。1872年，克莱因在爱尔朗根大学发表著名演说《关于现代几何学研究的比较考察》，把几何学看作研究在变换群下图形的不变的性质，不同的几何学研究的是在不同变换群下图形的不变的那些性质，由此运用变换群和不变量理论统一了几何学。到了1880年，不变量理论已统一了数学的很多领域，它的意义可从西尔维斯特在1864年说的一段话看出："正如俗语说，条条大道通罗马，所以至少就我自己的情况说，代数上的所有研究迟早都要归

→《希尔伯特空间问题集》

宿到近世代数的大厦，在其闪闪发光的大门口铭刻着不变量论这几个字。"不变量理论已成为数学研究的重要工具，可是由不变量理论本身产生的果尔丹问题，却迟迟得不到解决。

　　果尔丹曾于1868年解决了问题的一种最简单情况：对任何给定次数的二元型存在一组有限基。后来又给出了三元二次型、三元三次型及某些特殊三元四次型的有限基。果尔丹以善于计算而著称，人们称他是一个"算法家"，在他的不变量理论论文中，充满着长长的公式和繁难的计算，有一篇20页全是公式，中间没有插进任何自然语言。

　　果尔丹的证明是一种构造性证明，这种证明的特点是：通过具体的计算，把给定型的有限基实际构造出来，就像解方程一样，把方程的根具体地求出来。这种实际构造基的方法虽然逻辑上无懈可击，但运用起来极其繁难，计算过程犹如公式的丛林，令人望而生畏。对于多个变量和复杂变换群的情况，想利用这种构造性的算法工具，更变得出奇的困难。果尔丹的学生艾米·诺德在1907的博士论文"三元双二次型的不变量完备系"中运用果尔丹的方法，给定了三元四次型的协变量型的一个完备系，共331个，足见构造性算法的繁难。

自从果尔丹自己解决了最简单的情形以来，寻求解答一般性问题的人，在本质上都遵循着他的构造性证明的思路，试图运用算法工具把给定型的有限基具体地构造出来。然而，沿着果尔丹确立的这条思路，德国、英国、法国和意大利等国家的许多数学家，经过20年的艰苦努力，也没能对问题的一般提法取得任何有希望的进展。

正当数学家们因袭果尔丹的常规思路，试图借助

这一时期，哥廷根大学在全欧乃至世界上的学术地位达到了顶峰。

算法工具，通过构造性证明去解决果尔丹问题而又屡遭挫折时，26岁的希尔伯特向这一历史名题进击了。

鉴于以往的失败，他没有盲目地捡起果尔丹的算法工具，而是想到，既然果尔丹的方法长期不能奏效，那么要获得预期的证明，唯一的出路是选择一条完全不同于过去的途径。他果断地把果尔丹的常规算法工具搁置一边，并从本质上改变了问题的提法：假如给定了无穷多个包含有限个变量的一组代数形式系，问在什么条件下，存在一组个数有限的代数形式系，使得所有其它的形式可以表示成它们的线性组合，系数是原来那些变量的有理整函数？经过精心的思索和探究，他终于得到了问题的答案：这样的形式系总是存在的。有了这个定理，不变量系作为上述代数形式的

→哥廷根的秋日

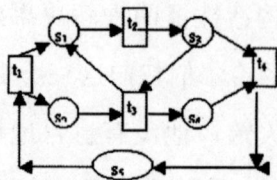

图3　求解不变量的 Petri 网志意图
Fig. 3 Petri net sketch of soiving invariant

$$C=\begin{bmatrix}1&1&0&0&-1\\-1&0&1&0&0\\1&-1&-1&1&0\\0&0&-1&-1&1\end{bmatrix}\qquad (A\mid B)=\begin{bmatrix}1&1&0&0&-1&1&0&0&0\\-1&0&1&0&0&0&1&0&0\\1&-1&-1&1&0&0&0&1&0\\0&0&-1&-1&1&0&0&0&1\end{bmatrix}$$

$$=\begin{bmatrix}1&1&0&0&-1&1&0&0&0\\0&1&1&0&-1&1&1&1&0\\0&0&1&1&-1&-1&2&1&0\\0&0&0&0&0&1&2&1&1\end{bmatrix}$$

一种，其有限基的存在性证明自然也就得到了解决。1888年9月6日，希尔伯特在寄给哥廷根科学会《通讯》的一篇札记中，简要说明了他是如何用统一的方法对任意给定的型建立起果尔丹定理的。

希尔伯特的出奇制胜使整个数学界为之一惊，谁也没有料到，这个著名问题竟会在一名年轻的讲师手中得到解决。开始，数学家们几乎完全不相信有这么一回事，接着便产生各种奇怪的反响，希尔伯特的老师林德曼很不理解自己学生的解法，抱怨这种解法令人不快，有害、古怪，因为它既没有给出具体的有限基，也没有指出如何才能把有限基构造出来。"不变量之王"果尔丹认为希尔伯特的证明根本不能算是数学意义上的证明，他大声疾呼："这不是数学，这是神

学!"固守构造性证明方法的克隆尼克，对希尔伯特的这项工作始终持以否定态度，他公开指责，没有构造的证明根本谈不上是数学证明，因为没有构造就不能算存在。

同年12月，果尔丹定理的证明正式出版，希尔伯特把论文寄给凯莱一份。这位不变量理论的奠基者，对希尔伯特的证明同样深感疑惑，他虽然认识到希尔伯特的工作有重要的价值，但一时还弄不懂希尔伯特的证明方法以及是如何解决这一历史难题的。直到希尔伯特寄来两封解释信，他才真正理解了这位青年人的思路并确信已经解决了这个重大问题。

希尔伯特的工作之所以没能立时得到数学界同行的承认和理解，甚至遭到果尔丹等人的激烈反对，并非由于他的论文深奥难懂，而是他的证明方法具有反

→矩阵不变量决定的稳定性类型

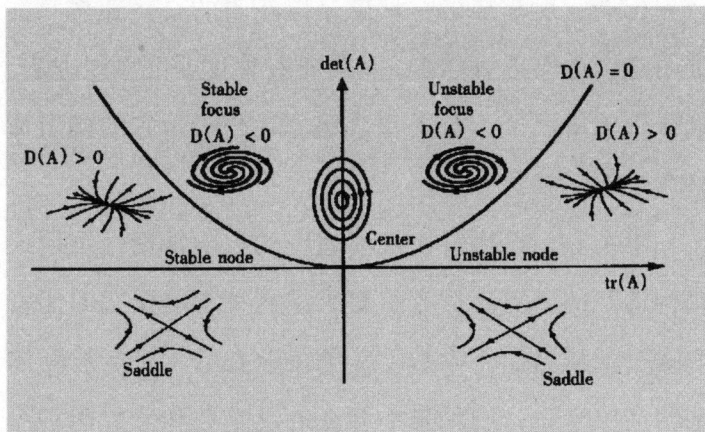

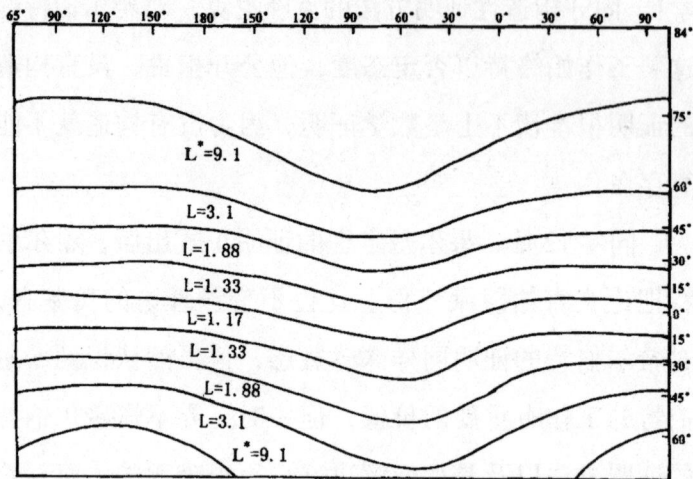

不同镜点高度面投影在地球表面上的L值轨迹(用积分不变量表示)。

常性。这种方法是非构造性的，它在证明某个数学对象存在时，并不需要象果尔丹和克隆尼克等人试图做的那样，把这个对象实际构造出来，也不必去说明如何去构造，所需要的一切就是以逻辑的必然性方面去证明这个对象必然存在。这种存在性证明的思想方法，在今天看来已经十分平常，然而在当时，它的提出却是令人难以接受的。

事实上，在当时占统治地位的数学常规思维模式是构造性的，克隆尼克就是维护这种思维模式的代表人物。他认为，一个数学对象是存在的，必定能具体地构造出来，否则就是不存在的。整数和分数能实际

构造出来，因此它们是存在的，可作为数学的对象来研究。而无理数、超越数和康托尔的超限数就不能算是存在，因为无法通过有限步骤把它们具体地构造出来。希尔伯特解决果尔丹问题的存在性证明，是对克隆尼克构造主义数学观的尖锐挑战，自然要遭到克隆尼克等人的坚决反对。

对于那些固守构造性证明方法，认为非构造的存在性证明是毫无意义的人，希尔伯特给予了有力的回答："纯粹的存在性证明之价值恰恰在于，通过它们就可以不必去考虑个别的构造，而且各种不同的构造包摄于同一个基本思想之下，使得对证明来说是最本质

→用几何不变量对三维重建的结果进行验证的流程

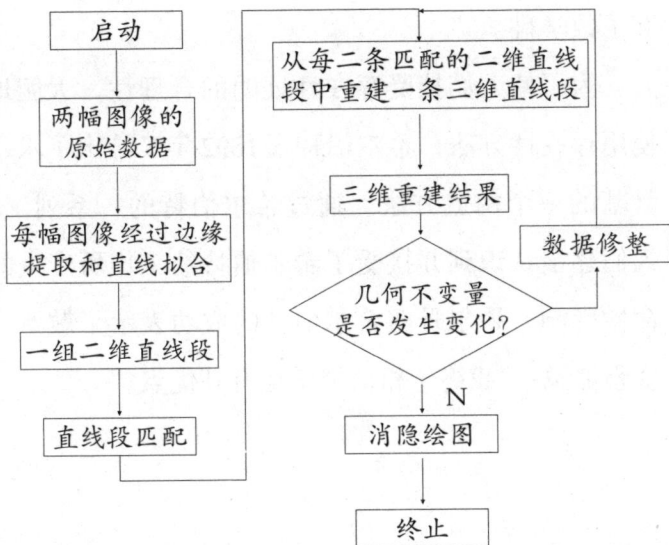

$$H(e^{j\omega}) = \begin{cases} -j & 0 < \omega < \pi \\ j & -\pi < \omega < 0 \end{cases} \qquad (3.10.7)$$

因此

$$h(n) = \frac{1}{2\pi}\int_{-\pi}^{\pi} H(e^{j\omega})e^{j\omega n}\,d\omega = \frac{1}{2\pi}\int_{0}^{\pi} je^{j\omega n}\,d\omega - \frac{1}{2\pi}\int_{-\pi}^{0} je^{j\omega n}\,d\omega$$

求解上式的积分,可得

$$h(n) = \frac{1-(-1)^n}{n\pi} = \begin{cases} 0 & n\text{ 为偶数} \\ \dfrac{2}{n\pi} & n\text{ 为奇数} \end{cases} \qquad (3.10.8)$$

及

$$\hat{x}(n) = x(n) * h(n) = \frac{2}{\pi}\sum_{m=-\infty}^{\infty}\frac{x(n-2m-1)}{2m+1} \qquad (3.10.9)$$

求出 $\hat{x}(n)$ 后,就可构成 $x(n)$ 的解析信号,即

$$z(n) = x(n) + j\hat{x}(n) \qquad (3.10.10)$$

也可用 DFT 方便地求出一个信号 $x(n)$ 的解析信号及希尔伯特变换,步骤如下。

先对 $x(n)$ 做 DFT,得 $X(k)$, $k=0, 1, \cdots, N-1$,注意 $k=\frac{N}{2}, \cdots, N-1$ 对应负频率,再令

$$Z(k) = \begin{cases} X(k) & k=0 \\ 2X(k) & k=1, 2, \cdots, \frac{N}{2}-1 \\ 0 & k=\frac{N}{2}, \cdots, N-1 \end{cases} \qquad (3.10.11)$$

对 $Z(k)$ 做逆 DFT,即得到 $x(n)$ 的解析信号 $z(n)$。

由 $Z(k) = X(k) + j\hat{X}(k)$,不难求出

设离散时间信号 x(n)的希尔伯特变换是 x(n),希尔伯特
变换器的单位抽样响应为 h(n)。

的东西清楚地实现出来;达到思想的简洁和经济,就
是存在性证明生存的理由,禁止存在性证明,等于废
弃了数学科学。"

为了使人们接受存在性证明的合理性,大胆地去
使用存在性方法,希尔伯特在 1892 年又给出了求不变
量基的一个构造方法。通过希尔伯特的一系列工作,
人们逐渐认识到并接受了希尔伯特的工作所产生的革
命性影响。果尔丹向希尔伯特的成功表示了敬意,并
优雅地说:"我终于相信神学也有其优点。"

直攻重大而关键性的问题

> 已创造出来的东西比起有待创造的东西来说，是微不足道的。
>
> ——雨果
>
> 认识一种天才的研究方法，对于科学的进步，并不比发现本身更少用处。科学研究的方法经常是极富兴趣的部分。
>
> ——拉普拉斯

希尔伯特的一生是创造性科学研究的一生，他的工作涉及广阔的数学领域，纵横现代数学的版图，几乎到处可以看到以他的名字命名的概念、术语、定理和公式：希尔伯特曲线、希尔伯特方体、希尔伯特空间、实希尔伯特空间、复希尔伯特空间、准希尔伯特空间、可列希尔伯特空间、希尔伯特不等式、希尔伯特变

→希尔伯特曲线

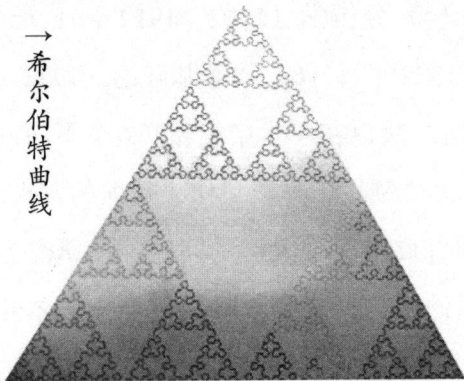

$$\frac{x(t)}{X(\omega)} \rightarrow \boxed{\begin{array}{c} h(t) = \dfrac{1}{\pi t} \\ H(\omega) \end{array}} \rightarrow \begin{array}{c} \hat{x} = x(t) * h(t) \\ \hat{X}(\omega) = X(\omega) \cdot H(\omega) \end{array}$$

输入　　　　　　　　　　输出

希尔伯特变换的传递特性

换、希尔伯特多项式、希尔伯特子群、希尔伯特模群、希尔伯特模形式、希尔伯特模函数、希尔伯特概型、希尔伯特不变积分、希尔伯特特征函数、希尔伯特范数剩余符号、希尔伯特合系定理、希尔伯特基定理、希尔伯特零点定理、希尔伯特不可约性定理、希尔伯特公理、希尔伯特纲领等等。

希尔伯特的成功来自多种因素，其中一个极为重要的因素，就是他善于选择和直攻重大而关键的问题。希尔伯特的科学生涯，按其发表的成果，可明显地划分为6个不同的时期：（1）不变量理论（1885～1893年）；（2）代数数论（1893～1898年）；（3）几何基础（1898～1902年）；（4）分析学（1902～1912年）；（5）理论物理（1912～1922年）；（6）数学基础论（1922～1939年）。希尔伯特之所以在一生中能辗转6个不同的研究领域，并且在每个领域中都很快作出重大的发现，是与他善于选择和直攻重大而关键的问题这一研究方法分不开的。希尔伯特"最老的学生"布鲁门萨尔几乎在整整25年的时间里对他的老师进行了深入细致的

观察。他在概括希尔伯特的工作特色时指出，希尔伯特数学研究方法最突出的一个特点，就是不停顿地向具体的重大问题进击。希尔伯特的得意门生，他的"数学儿子"、著名数学家赫尔曼·外尔在回忆他"学父"的工作时也指出："希尔伯特方法的特点是具体地直攻问题。"希尔伯特的工作表明，他的科学活动的历史也就是一部选择和解决重大数学问题的历史。

事实上，希尔伯特就是从直攻果尔丹问题闯入代数不变量领域的，为解决这一著名的历史难题，他付出了3年艰苦的努力。果尔丹问题如此地重大和关键，以至于人们认为，它的解决几乎结束了不变量理论的一个时代，希尔伯特本人也是这样认为的。有人曾评价，希尔伯特的这项工作几乎使整个不变量理论的呼

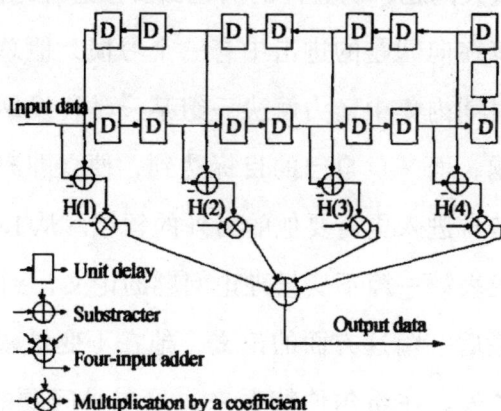

FIR 结构希尔伯特变换器

←《数学与自然科学之哲学》 作者：赫尔曼·外尔

吸停止了。

　　果尔丹问题的解决及其对不变量理论的重大影响，使希尔伯特找到并检验了他成功的有效途径——钻研单个的重大问题，从具体的问题出发推进理论的发展。希尔伯特在向问题的进击中有一个习惯，他总是乐于在一个时期内集中精力解决一组某一学科发展方向的重大问题，而一旦自己的目标达到，便立即离开这个领域，转身进入更需要他的另外的领域。从1885年希尔伯特发表第一篇不变量理论问题的论文，到1893年他发表最后一篇这方面的论文，他在不变量领域工作了8年之久。在希尔伯特看来，果尔丹问题的解决，使不变量理论大体建立起来，他在这一领域中的最

重要目标基本达到。于是，在完成了最后一篇关于不变量的文章后，便把精力转向了另一个领域——代数数论中的问题。他在给好友闵可夫斯基的一封信中果断地宣布："我将永远地离开不变量理论，从现在起，我要献身于数论。"从1894年开始，希尔伯特闯入了代数数论领域，像研究不变量理论一样，他首先找到了自己进击的问题——二次互反律的推广，为解决这一问题，他创造了范数剩余概念和范数剩余记号。在此工作基础上，他进而又解决了更为一般性的问题——把一般的互反律推广到代数数域。其后，他在代数数域理论中大显身手，取得了一系列重大进展，完成了不朽的数论报告"代数数域论"。1898年，他发表了重要论文"论相对阿贝尔域理论"，这是一篇纲领性文章，在这篇文章中，希尔伯特概括地提出了一种新的理论——类域论。这一次不同于不变量理论的研究，如果说在不变量领域他结束了这个理论的一个时代，那么这一次他却通过直攻具体的重大问题开创了数论理论的新时代。

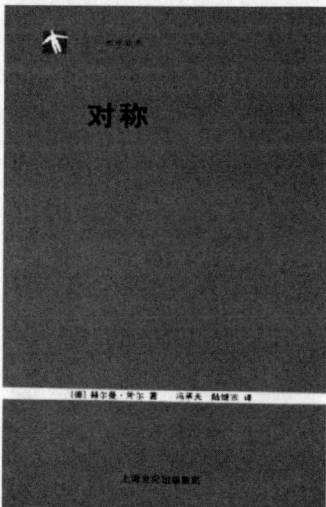

对称

→ 《对称》作者：赫尔曼·外尔

他没有深入到类域论这个新领域中，而是把这块富矿留给后来的数学家去开采，他又向另外的领域急转弯了。

就在"论相对阿贝尔域理论"论文发表的当年，希尔伯特转向了几何基础中一个长期未能解决的历史问题：建

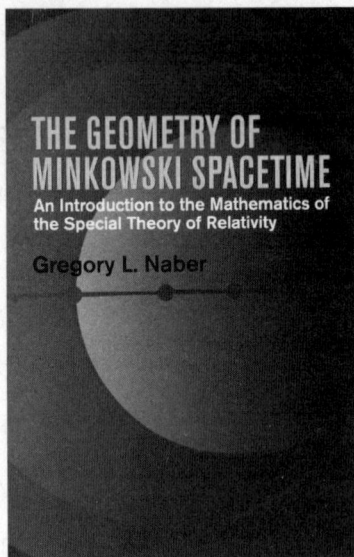

立在物理直观基础上的欧几里得几何公理系统缺乏严密性。这一问题在欧几里得时代就产生了，非欧几何的发现激发了人们研究这一问题的热情，帕什、皮亚诺等人试图解决这一问题都没有获得成功。希尔伯特深深理解这一问题的重要性，它不仅关系到几何学理论体系的建构问题，而且涉及公理方法这一数学最重要工具是否完备。他在《几何基础》这部著作中成功地解决了这一问题。他把几何学建立在牢靠的基础上，探讨了公理系统的逻辑结构以及公理方法的原则，从而结束了自欧几里得时代以来几何基础的建设问题。希尔伯特在几何学领域中的巨大成功，使原先只听他谈论代数数域的学生感到十分惊奇，他们很不理解希

尔伯特是怎样能够从数论领域迅速闯入几何学领域，并很快就在其中作出伟大而成熟的工作的，但几乎就在他们思索这个问题时，希尔伯特又开始在另一个完全不同的数学领域里工作了。

《几何基础》刚刚出版不久，希尔伯特就转向了分析学中一个著名的老问题——狄里克莱原理问题。他以简单明了的思路迅速解决了这一历史难题，使狄里克莱原理重新恢复了它在数学中的重要地位。希尔伯特对这一问题的研究引起了变分学一系列创造性的变革。狄里克莱原理问题标志希尔伯特转向分析学领域的第一个主题——变分学，弗雷德霍姆积分方程问题，则把他们引向第二个主题——积分方程论。他认为分

析学的这两个主题是交织在一起的。研究积分方程对于定积分理论、级数展开理论、微分方程理论、位势理论、变分学以及理论物理学，都是重要的。弗雷德霍姆曾经使用积分方程和线性代数方程之间的

→欧几里得

类似性来研究积分方程，但他没有对无穷多个代数方程实现极限过程。希尔伯特认识到弗雷德霍姆积分方程的推广可以解决分析学和理论物理学一系列过去不能解决的问题。于是，他的第一步工作就是在有限的线性方程组上实现极限过程，然后把这些结果推广到积分方程，以使弗雷德霍姆积分方程具有更大的普适性。从1904年到1912年，他围绕这一主题发表了一系列研究成果，其中最有影响的成果是把谱分解的理论由全连续二次型推广到有界二次型，希尔伯特的谱理论后来成为量子力学的有力数学工具。

积分方程和物理学有着天然的内在联系，最初的积分方程大多来自物理问题，积分方程则为物理学研究提供了有力的工具。积分方程和物理学的天然亲缘关系以及希尔伯特本人对物理学的浓厚兴趣，使得他在1912年完成《线性积分方程一般理论的原理》一书后，就把注意力转向了物理学领域。他的目标是把公

← 《希尔伯特几何基础》

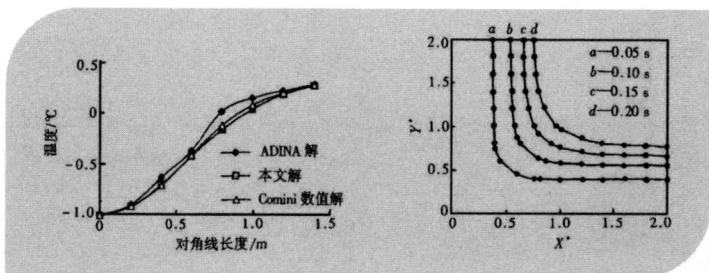

基于材料边界概念的相变热传导变分原理及其数值计算。

理法用于物理学研究，用数学来改造物理学的直观和经验研究方式。从1912年到1922年间，他不仅潜心地研究着物理学问题，而且经常作关于物理方面的演讲并指导研讨班，其中最重要的贡献是把积分方程理论应用于气体分子运动论和初等辐射理论。

　　希尔伯特一生中最后涉猎的数学领域是数学基础论。把他引向这一领域的主要问题，是集合论悖论所导致的数学危机，具体地说就是数学基础的可靠性问题，为了解决这一问题，他提出了有名的"希尔伯特纲领"。尽管这一次他没有像在以往几个数学领域中那样取得预期的成功，但在实施这一纲领的过程中，他发展了数学的形式化研究方法，开拓出了元数学这一新的研究领域，这些成就本身就是对数学基础论研究的重大贡献，它们的意义并不小于他在其它领域中的工作。

具有历史意义的巴黎演讲

正是问题激发我们去学习，去发展知识，去实践，去观察。

——波普

希尔伯特通过直攻重大而关键的具体问题，在数学的几个领域取得了一系列的重大突破。他对自己的这种研究方式十分看重，在1900年国际数学家代表大会上，他专门作了题为"数学问题"的报告，这就是数学史上著名的"巴黎演讲"。在这篇具有历史意义的演讲中，他深刻阐述了重大而关键的问题在数学发展和数学家个人创造活动中的重要作用，数学问题的来源及解决数学问题的方法论原则，还从数学的各个领域挑出23个重要问题，号召

PIONEERS IN MATHEMATICS

>数学先锋<

现代数学
Modern Mathematics
1900—1950年

[美] 迈克尔·J·布拉德利博士 著　王潇 译

←《现代数学》（1900年—1950年）

数学家们去研究和解决。

　　希尔伯特的"巴黎演讲"大体上分为两个部分。一部分是关于数学问题的方法论阐述，在这部分中，希尔伯特强调了决定着一门科学发展方向的问题的重要性，考察了重大而富有成果的问题的特点，阐述了对于问题的"解答"的要求等；另一部分是"问题"，在这部分中，他提出并讨论了23个具体的问题。正如闵可夫斯基当初所预料的，希尔伯特的这席演讲，在今后几十年的时间里将成为人们议论的话题。领悟希尔伯特巴黎演讲的精神，对今天的数学和数学哲学研究仍然有着深远的意义。

　　在演讲的开头，希尔伯特就明确指出数学中的问题直接涉及数学的发展，特别是数学的未来。他指出，

→巴黎

历史教导我们，科学的发展具有连续性。我们知道，每个时代都有它自己的问题，这些问题后来或者得以解决，或者因为无所裨益而被抛到一边并代之以新的问题。如果我们想对最近的将来数学可能的发展有一个概念，那就必须回顾一下当今

← 《闵可夫斯基几何的发展》

科学提出的、期望在将来能够解决的问题。现在，当此世纪更迭之际，我认为正适于对问题进行这样一番检阅。因为，一个伟大时代的结束，不仅促使我们追溯过去，而且把我们的思想引向那未知的将来。接着，希尔伯特大体上从7个方面具体展开了他关于数学问题的思想方法。

一、数学问题的意义。希尔伯特从两个方面论述了问题的重要性：一是问题在一般科学进展中的深远意义。希尔伯特认为，一门科学的生命力在于它能够产生大量重要而富有价值的问题，他指出："只要一门科学分支能提出大量的问题，它就充满着生命力；而问题缺乏则预示着独立发展的衰亡或中止。正如人类的每项事业都追求着确定的目标一样，数学研究也需

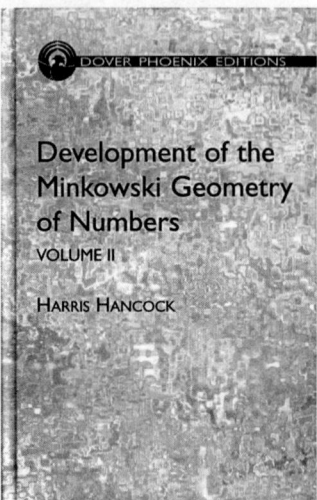

要自己的问题。"二是问题在研究者个人工作中的重要意义。希尔伯特指出，通过研究和解决问题，研究者个人可锻炼其克服困难的顽强意志，发现新方法和新观点。他把问题比作试金石，通过它，数学家们可以检验所运用方法的价值，衡量他们的能力。为了说明以往的数学家为什么惯于以巨大的热情去解决那些特殊的难题，以及这些难题的价值，希尔伯特提到了约翰·伯努利等人的工作。1696年，瑞士数学家约翰·伯努利向全欧洲数学家挑战，在6月号的《教师学报》上提出了一个难题：设在垂直平面内有任意两点，一个质点受地心引力的作用，自较高点下滑至较低点，不计摩擦，问沿着什么曲线下滑的时间最短？这就是历史上有名的"最速降线问题"，这是一个求极值问

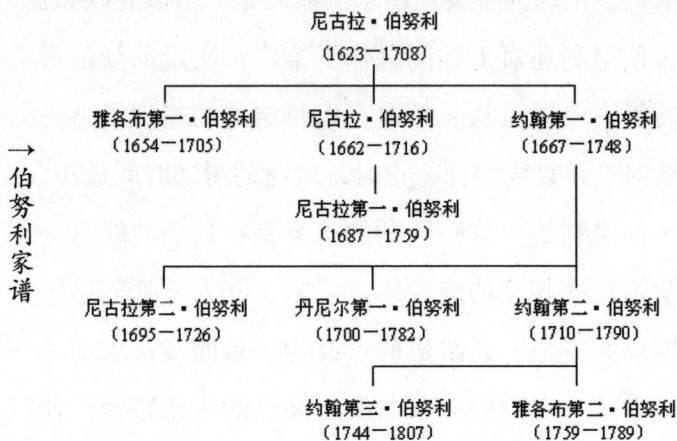

→ 伯努利家谱

尼古拉·伯努利
(1623—1708)

雅各布第一·伯努利
(1654—1705)　　尼古拉·伯努利
(1662—1716)　　约翰第一·伯努利
(1667—1748)

尼古拉第一·伯努利
(1687—1759)

尼古拉第二·伯努利
(1695—1726)　　丹尼尔第一·伯努利
(1700—1782)　　约翰第二·伯努利
(1710—1790)

约翰第三·伯努利
(1744—1807)　　雅各布第二·伯努利
(1759—1789)

题，它的难度在于和
普通的极值求法不同，
它要求给出一个未知
函数（曲线）来满足
所给定的条件。当时，
伯努利说：经验告诉
我们，正是摆在面前
的那些困难而同时也
是有用的问题，引导
着有才智的人们为丰

← 莱布尼茨

富人类的知识而奋斗。牛顿在1697年1月29日得知这
一消息后，当天便把这一问题解决了。莱布尼茨、洛
比达、约翰·伯努利本人以及他的哥哥雅各·伯努利
也都求得了正确的答案：所求的曲线是一条旋轮线弧。
雅各·伯努利还对上述问题作了推广：决定曲线的形
状，使得一个质点从一给定点以特定的初速度沿这一
曲线滑向一条直线的任一点时，所花的滑动时间最小。
雅各·伯努利给出这一问题的答案是：这条曲线是一
条与给定直线相交的旋轮线。后来，有人又把问题进
一步推广为：把上述给定的点改为一条曲线，求前一
条曲线上某一点到后一条曲线上某点的一条路径，使
质点沿这条路径滑动所需的时间最少，这类问题叫作

"具有变动端点的最速降线问题"。1734年，欧拉进而又把问题推广到阻尼介质情况。他的研究成果发表在1744年的一本书《寻求具有某种极大或极小性的曲线的技巧》中。书中，欧拉给出了问题的一般解法。这本书的问世，标志着变分学已经正式诞生，同时给欧拉带来了巨大的声誉。针对这段历史，希尔伯特指出："伯努利因此而博得数学界的感谢，变分学的起源应归功于这个伯努利问题和相类似的一些问题"。

二、好的数学问题的特征。数学中存在着大量尚待解决的问题，但并非每个问题都是好的问题，都值得人们去研究和解决。希尔伯特认为，一个好的数学问题一般应体现有这样3个特征：

← 《微积分大意》

1. 清晰性和易懂性。"清楚的、易于理解的问题吸引着人们的兴趣，而复杂的问题却使我们望而却步。"

2. 困难但又给人以希望。"为着具有吸引力，一个数学问题应该是困难的，但却不应是完全不可解决而致使我

们白费力气。"

3. 意义重大。"在通向那隐藏的真理的曲折道路上，它应该是指引我们前进的一盏明灯，最终并以成功的喜悦作为对我们的报偿。"

一个好的数学问题必定是有重大价值

← 数学家伽罗华

的，那么，怎样判断一个数学问题的价值性？能否在着手研究问题之前就预先判断出该问题的价值？希尔伯特认为："想要预先正确判断一个问题的价值是困难的，并且常常是不可能的，因为最终的判断取决于科学从该问题得到的效益。"也就是说，一个数学问题的价值只能在解决这个问题的过程及其最后结局中才能正确判断出来。

三、数学问题的源泉。在分析了问题在数学中的重要性以及一个好的数学问题的特征之后，希尔伯特提出了这样一个认识论问题："数学这门科学究竟以什么作为其问题的源泉呢？"他的解答是十分明确的，他认为，产生数学问题的源泉有两个：一是经验世界；

二是数学理论内部。

实践是人们认识的总源泉，自然也是数学问题取之不尽、用之不竭的丰富源泉。数学是反映现实世界中的量及其关系的，因此，最初的数学问题无疑是来自外部世界，是由现实世界提供的。希尔伯特正是认识到了这一点，他指出："在每个数学分支中，那些最初的、最老的问题肯定是起源于经验，是由外部的现象所提出。"对此，他指出，最初的几何问题，诸如二倍立方体问题、化圆为方问题，以及数值方程、曲线论、微积分、傅立叶级数和位势理论中的那些最初的问题，都是由外部的现象世界提供的，更不用说更大量的、属于力学、天文学和物理学方面的数学问题了。

数学的发展依赖于社会实践，又有自身的相对独立性。希尔伯特同样认识到了数学发展的这一客观规律，他指出："随着一门数学分支的进一步发展，人类的智力，受着成功的鼓舞，开

现代物理基础丛书 *18*

量子非阿贝尔规范场论

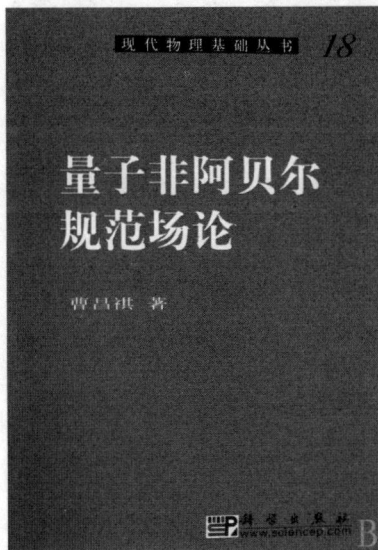

曹昌祺 著

www.sciencep.com

→量子非阿贝尔规范场论

始意识到自己的独立性。它自身独立地发展着，通常不受来自外部的明显影响，而只是借助于逻辑组合、一般化、特殊化，巧妙地对概念进行分析和综合，提出新的富有成果的问题，因而它自己就以一个真正提问者的身份出现。这样就产生出素数问题和其它算术问题以及伽罗华的方程式理论、代数不变量理论、阿贝尔函数和

俄罗斯1992年罗巴切夫斯基诞辰200周年精制纪念

自守函数等方面的一系列问题。确实，近代数论和函数论中几乎所有较深入的问题都是以这样的方式提问的。"数学内部问题是数学内部矛盾运动的反映，这种反映有多种表现形式，希尔伯特在这里大体概括为3

种：借助逻辑组合、借助一般化、借助特殊化。借助逻辑组合提出问题，就是通过改变原有数学理论的结构，形成多种新的结构，并考察这些新结构可能的发展，以从中选择和建立新的数学理论。非欧几何的发现，就是以这种方式提出和解决问题的结果。我们知道，非欧几何并不是在人们的经验和实践基础上概括总结出来的几何学理论，而是在解决欧氏几何学的内部矛盾——第五公设的可证性问题过程中发现和建立起来的，为解决这一问题，罗巴切夫斯基对欧氏几何公理系统的公理组作出新的逻辑组合。他把原来的平行公理（第五公设）用它的否定命题代替，和其它的公理组成新的公理组，从这个新公理组出发，逻辑推演出非欧几何的各种命题；借助一般化提出问题，就是对具体的特殊问题的条件或内容加以适当改变，使改变后的问题比原问题具有较大的一般性。例如，n维空间两点之间的距离问题，n次代数方程的根式求解问题，无穷多个变元的线性方程组求解问题，

$$\cos x = \sum_{n=0}^{+\infty} (-1)^n \frac{x^{2n}}{(2n)!}$$

$$1 - \cos x = 1 - \sum_{n=0}^{+\infty} (-1)^n \frac{x^{2n}}{(2n)!}$$

$$= \sum_{n=1}^{+\infty} (-1)^{n-1} \frac{x^{2n}}{(2n)!}$$

$$\frac{1-\cos x}{x^2} = \frac{1}{x^2} \sum_{n=1}^{+\infty} (-1)^{n-1} \frac{x^{2n}}{(2n)!}$$

$$= \sum_{n=1}^{+\infty} (-1)^{n-1} \frac{x^{2n-2}}{(2n)!} = \sum_{n=0}^{+\infty} (-1)^n \frac{x^{2n}}{(2n+2)!}$$

$$令 2n = 6 \Rightarrow n = 3, \therefore \frac{f^{(6)}(0)}{6!} = \frac{(-1)^3}{8!}$$

$$\Rightarrow f^{(6)}(0) = -\frac{6!}{8!} = -\frac{1}{56}$$

→ 马克劳林级数求 f(x)

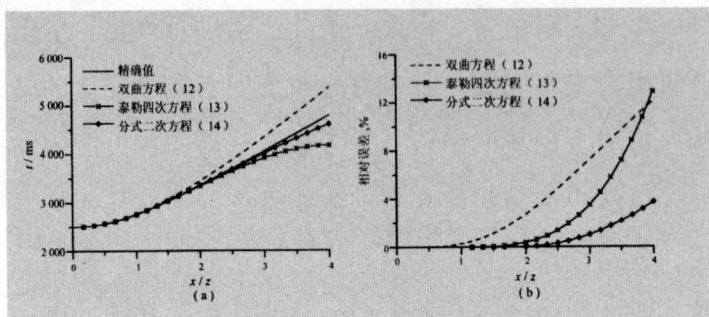

图 (a) 中图例：精确值、双曲方程（12）、泰勒四次方程（13）、分式二次方程（14），横轴 x/z，纵轴 t/ms。图 (b) 中图例：双曲方程（12）、泰勒四次方程（13）、分式二次方程（14），横轴 x/z，纵轴 相对误差/%。

对于泰勒级数展开方程而言，泰勒级数展开方程的 2 次项系数为正值。

就是通过一般化提出来的。不变量理论中著名的果尔丹问题：对已给定数目的变量和次数的型，求其基本的不变量，也属于这一类问题；与借助一般化提出问题相反，所谓借助特殊化提出问题，就是把原来问题的条件或内容加以适当限制，使新问题比原问题更为具体，马克劳林级数就是泰勒级数在零点这一特殊情况的结果。

希尔伯特认为，来自外部现象的数学问题和来自数学内部的问题常常是交互在一起起作用的，特别是从数学内部产生的问题只有受到来自数学外部力量的作用，才能结出丰硕的果实，数学的历史证明，希尔伯特的看法是完全正确的。以虚数为例，虚数产生于 16 世纪，是解决数学内部问题的产物。由于虚数长时间得不到实际应用，在长达 300 多年的时间中没有得

到任何实质上的发展，只是到了19世纪虚数得到平面上的直观表示，在流体力学、电工计算、机械设计、大地测量等方面获得了用场，才迅速发展起来并最终导致复变函数理论的建立。

四、解答数学问题的一般要求。提出数学问题的目的是解答它们，那么解答数学问题有什么一般要求呢？希尔伯特认为，对于数学问题来说，其解答一般应满足两条要求：一是求解过程要严格；二是求解方法要简单。

逻辑的严格性，是数学这门科学的显著特征之一。数学的推理和演算是严格按着逻辑规则进行的，任何直观和特例都不可作为数学的证明。对于数学问题求解严格性要求的含义，希尔伯特指出："要有可能通过以有限个前提为基础的有限步推理来证明解的正确性，而这些前提包含在问题的陈述中并且必须对每个问题都有确切定义。"这种严格性要求在数学中已经像座右铭一样变得众所周知。

在数学中，求解问题

相对论与非欧几何

●费保俊　著

科学出版社
www.sciencep.com

→《相对论与非欧几何》

的简单性要求是毋庸置疑的。希尔伯特认为，事情不在于严格性和简单性要求本身，而是存在于人们常常把严格性与简单性要求对立起来，认为简单会造成不严格，要实现严格就不能达到简单。对此，

在 xoy 平面上，$L_1^2 = AB^2 + OB^2$，$L_2^2 = AB^2 + (r-OB)^2$，设 $x=OB$，$y=AB$.

(3) 式有: $n/(x^2+y^2)=1/[(r-x)^2+y^2]$，可写成:

$x^2+y^2-2nrx/(n-1)+nr^2/(n-1)=0$，为圆方程，因使 x 轴旋转一周即为一空间球面，可写出球面方程为:

$$[x-nr/(n-1)]^2+(y-0)^2+(z-0)^2=[nr/(n-1)]^2+m^2/(n-1) \quad (4)$$

球心为: $x=a=nr/(n-1)$，$y=0$，$z=0$

球面半径为: $R=\sqrt{nr/(n-1)}$

在图 2，p 点在等极化面上与在 xoy 面上从 p 点引一平面 S' 与 xoy 面 S 平行，s' 截球面为一圆环，e_1、e_2 分别在 0，0' 点。

园环上L:均相等，L₂均相等，丰径 $R' = R\sin\psi$，p 点坐标为:

$L_1^2=x^2+y^2=(a+R\cos\psi)^2+R^2\sin^2\psi=a^2+R^2+2aR\cos\psi$

$L_2^2=(a-r)^2+R^2+R^2=R^2\sin^2\psi=(a-r)^2+R^2+2(a-r)R\cos\psi$

e_2 在 p 的作用电力: $Q_1=k_0e_1/4\times L_1^2$，e_1 在 p 点的作用电量: $Q_2=k_0e_2/4\times L_2^2$.

设 e_2e_1 同在 p 点的力: $dF=Q_1 \cdot Q_2$ 以 L_1R' 为半径，宽 $Rd\psi$ 的园环上的力为 dP

$$dF=2\pi R^2k_0e_1e_2\sin\psi Rd\psi / 16\pi^2 L_1^2 L_2^2 \quad (5)$$

$k=k_0k_0$

两电荷间力对 s 面求 dF 的和:

$F=\int_0^\pi [k_0e_1e_2R^2\sin\psi d\psi / 8\pi L_1^2 L_2^2]$ (6)

$= (k_0e_1e_2R^2/8\pi)\int_0^\pi [\sin\psi d\psi / (a^2+R^2+2aR\cos\psi)\cdot[(a-r)^2+R^2+2(a-r)R\cos\psi]$

设: $x=\cos\psi$，$dx=-\sin d\psi$，$A=2aR$，$B=a^2+R^2$，$c=2(a-r)R$

$D=(a-r)^2+R^2$，(6) 式代入各值为:

$F=k_0e_1e_2R^2/8\pi\int_{-1}^{1}[dx/(Ax+B)(cx+D)]$

$=k_0e_1e_2R^2/8\pi\int_{-1}^{1}[dx/[ACx^2+(AD+BC)x+BD]]$

$A、B、C、D$代入$a=nr/(n-1)$，$R=\sqrt{nr}/(n-1)$，因 $(AD+BC)^2=4ABCD$，

$\int_{-1}^{1}[dx/[ACx^2+(AD+BC)x+BD]]=2/H^2 L_1^2$ (7)

上式代入 (6) 式中有:

希尔伯特指出："把证明的严格化和简单化决然对立起来是错误的。相反，我们可以通过大量例子来证实，严格的方法同时也是比较简单、比较容易理解的方法。正是追求严格化的努力驱使我们去寻求比较简单的推理方法。这还常常会引导出比严格性较差的老方法更有发展前途的方法。"在希尔伯特的工作中，我们到处可以看到他正确处理严格性和简单性辩证关系的实例。解决果尔丹问题，拯救狄里克莱原理，建立形式公理化系统，都是他追求严格化和简单化统一的表现。

五、克服数学问题求解困难的常用方法。在求解数学问题时，常常要遇到一些困难，怎样克服这些困难呢？希尔伯特从两个方面论述了在数学问题求解中

←牛顿引力定律和库仑定律的物理数学模型

遇到困难的原因以及克服这些困难的办法。

第一，"在解决一个数学问题时，如果我们没有获得成功，原因常常在于我们没有认识到更一般的观点，即眼下要解决的问题不过是一连串有关问题中的一个环节。"也就是说，对于这种情况，解决困难最有效的办法是从最一般的观点来研究所要解决的问题，这样做"不仅我们研究的问题会容易得到解决，同时还会获得一种能应用于有关问题的普遍方法"。

第二，"在讨论数学问题时，我们相信特殊化比一般化起着更为重要的作用。可能在大多数场合，我们寻找一个问题的答案而未能成功的原因，是在于这样的事实，即有一些比手头的问题更简单、更容易的问题没有完全解决或是完全没有解决。这时，一切都有赖于找出这些比较容易的问题，并使用尽可能完善的方法和能够推广的概念来解决它们。"希尔伯特在这里强调，有时通过对一般性问题加以特殊化，可以有效解决数学研究中的困难。他十分喜欢处理数学问题的这种特殊化办法，把它称作是"克服数学困难的最重要的杠杆之一"。

六、数学问题的可解性。希尔伯特相信每个数学问题都可以得到解决，只不过是解决的方式有所不同罢了。他认为："每个确定的数学问题都应该能得到明

确的解决，或者是
成功地对所给问题
作出回答，或者是
证明该问题解的不
可能性，从而指明
解答原问题的一切
努力都肯定要归于
失败。"这种相信
每个数学问题都可
以解决的信念，对

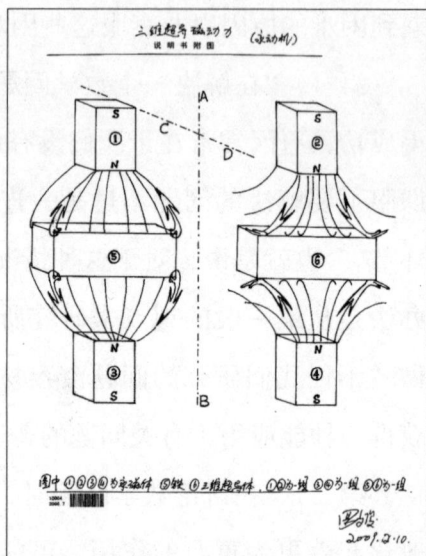

← 三维超导磁动力（永动机）原理运动走势图

于数学工作者是一种巨大的鼓舞。针对当时某些数学家和哲学家对未知世界认识的悲观情绪，希尔伯特以他那特有的乐观精神说出了这样一句鼓舞人心的名言："在数学中没有不可知。"

在这里，希尔伯特深刻分析了不可能问题在数学研究中的特殊价值。所谓不可能问题，是指前提不充分或提法不正确的问题。在数学史上曾出现过不少有名的不可能问题，如用整数来表示等腰直角三角形斜边与直角边的比，几何作图三大难题，欧氏第五公设试证问题，五次代数方程根式求解等等。在数学研究中，人们总是希望所研究的问题是可能的，而不希望遇到那些不可能问题，因为不可能问题的出现常常给

研究者带来长期的挫折和失败。非欧几何的发现者之一亚·鲍耶的父亲数学家法·鲍耶，曾致力于第五公设证明长达20多年，到头来没能取得任何有希望的进展。当他得知儿子亚·鲍那步他的后尘，醉心于研究这一问题时，极力劝阻他停止这项研究。他结合自己的亲身经历告诫儿子："希望你不要再作克服平行线理论的尝试了，你会花掉所有时间而终生不能证明这个问题，它会剥夺你一切余暇、健康、休息和所有的幸福。这个地狱般的黑暗将吞吃成千个像牛顿那样的巨人，这是永远留在我心里的巨创。"法·鲍那的话反映了一部分数学家对不可能问题的悲观态度。

希尔伯特对不可能问题的态度是积极乐观的，他十分重视不可能问题在科学发展中的地位和作用，他以永动机问题说明求解不可能问题有时会导致重大的发现。他指出："通过不可能性的证明，这些问题被一种对科学来说是最满意、最有用的方式解决了。我想援引永动机问题。在构造永动机的努力失败以后，科学家们研究了在这种机器不可能存在的情况下，自然力之间必须存在的关系；而这个反问题引导到能量守恒定律的发现，它反过来又解释了原来希望制造的永动机的不可能性。"欧氏第五公设试证和五次代数方程根式求解等问题，就是数学中的"永动机问题"，对它们的尝试努力失败后，数学家们研究了在"这种证明"和"这种求解"不可能存在的情况下，第五公设和其它公理之间，五次代数方程的根与系数之间必然存在的关系，而对这些反问题的研究，最终导致了非欧几何的发现和群论的产生，它们反过来又深刻解释了第五公设证明和五次代数方程根式求解的不可能性。

七、数学的有机统一性。19世纪以来的数学发展与以往数学的发展相比，其分化的程度越来越高，新的分支学科越来越门类繁多，新分支的内容越来越狭窄。每门学科都有其特定的内容和专门术语。这就使得不同学科的研究者之间难以建立起共同的语言，难以弄清彼此研究课题之间的深刻联系。在这种情况下，要想掌握数学领域中1/3以上的知识，看来都是不可能

← 《希尔伯特空间问题集》

的。面对已经充分显示出来的内容丰富、分支繁多的数学，不少数学家流露出了一种忧虑和悲观情绪：数学会不会被分割成许多孤立的分支，它们的关系会不会变得松懈起来？面对这种情绪，希尔伯特以其深邃的洞察力和远见卓识的眼光给予了这样的回答："我不相信有这样的情况，也不希望有这样的情况。我认为，数学科学是一个不可分割的有机整体，它的生命力正是在于各个部门之间的联系。""数学的有机的统一，是这门科学固有的特点，因为它是一切精神自然科学知识的基础。"

那么，数学的有机统一性表现在哪里呢？希尔伯特指出："尽管数学知识千差万别，我们仍然清楚地意

→《数学与猜想》

识到：在作为整体的数
学中，使用着相同的逻
辑工具，存在着概念的
亲缘关系，同时，在它
的不同部分之间，也有
大量相似之处。我们还
注意到，数学理论越是
向前发展，它的结构就
变得越加调和一致，并
且，这门科学一向相互
隔绝的分支之间也会显

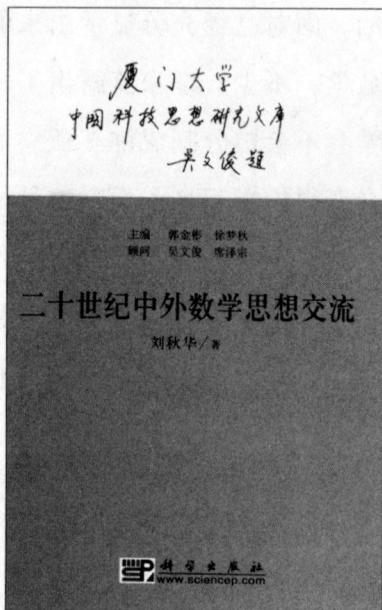

厦门大学
中国科技思想研究文库
吴文俊题

主编 郭金彬 徐梦秋
顾问 吴文俊 席泽宗

二十世纪中外数学思想交流

刘秋华／著

科学出版社
www.sciencep.com

← 《二十世纪中外数学思想交流》

露出原先意想不到的关系。"从这段话可以看出，希尔
伯特把数学的有机统一性大体概括为四个方面：

第一，逻辑工具的相同性。数学是一门演绎科学，
在它的各个分支学科中，无论是命题证明还是数值计
算，都是以严格的演绎推理为依据进行的，演绎推理
是数学中普遍应用的一种相同的逻辑工具。公理法作
为演绎推理的一种形式，则是建立各门数学理论的相
同的逻辑工具。

第二，概念之间的亲缘性。数学中的概念是千差
万别的，每个数学分支都有其特定的概念。然而，这
些千差万别的概念并不是相互隔绝、毫无关系的，而

是彼此之间有着这样或那样的联系，形成一个具有或远或近亲缘关系的大家族。我们在数学中所经常遇到的概念之间的从属关系、合成关系、对应关系和对偶关系等，就是数学概念亲缘性的典型表现。

第三，学科之间的相似性。如果我们仔细审视数学各个分支学科的内容，不难发现，在不同的学科中，许多问题的提法、解决问题的方法以及概念的表述有着许多相似之处。例如，布尔代数、集合运算、命题演算和概率事件的运算，虽然各属于不同的数学分支，但是它们之间有着极为相似的运算原则和运算关系。

第四，理论结构调和一致性。作为整体的数学，是有结构层次的，这种结构层次并不会因新学科的

→ 南伊利诺斯大学卡本代尔分校

大量出现而遭到削弱。相反，随着多种新学科的不断产生以及不同学科相互渗透、相互作用的加强，数学的结构层次将变得越加有序和协调。正因为如此，才使得数学家们有可能提出统一数学各分支的各种观点、理论和新方法。而这些统一性观点、理论和新方法的提出，又会使数学的结构层次变得更加协调一致。

希尔伯特在"数学问题"讲演中，提出了23个重要而又尚待解决的问题，这23个问题通常简称为"希尔伯特问题"。它们是希尔伯特从前辈人遗留下来的和当代人新提出的纷繁众多的问题中，精心挑选出来的。这些问题涉及数学的广泛领域，横跨数学基础、几何基础、拓扑群论、数学理论、数论、函数论、不变量理论、代数几何学、微分方程论和变分学等众多数学分支学科。

希尔伯特问题的选择虽然受到当时数学发展水平的限制，受到希尔伯特个人科学素养、研究兴趣及思想方法的影响，不可避免地带有一定的局限性，但仍然不失为通往数学未来的窗口，透过它可以使我们看到数学这门科学发展的某些前景。由于希尔伯特在世界数学界的巨大声望，使得一个数学工作者只要成功解决了这23个问题中的任何一个，就会由此而赢得巨

大的声誉。

在希尔伯特讲演的当年，他的学生、22岁的德恩就给出了第三个问题的部分解答，次年获得完全解答，于是德恩的名字被载入20世纪数学史册。迄今为止，约占一半的问题已得到圆满解决，尚有1/3的问题仍悬而未决，还有几个问题提法比较笼统，难以判定解决程度。1975年，在美国的伊利诺斯大学召开的一次国际数学会议，专门研究和总结了希尔伯特问题的进程情况，并出版了介绍各个问题解答进展的论文集。

→ 美国伊利诺斯州

希尔伯特公理系统

> 请问一问自然界吧，她蕴含着全部真理，
> 她一定会满意地回答你们的问题。
>
> ——罗巴切夫斯基

数学是一门极度抽象的演绎科学。极度的抽象性是数学区别于其它科学的显著特征之一。数学极度抽象性的重要表现形态，是它表述上的形式化。数学的形式化是数学发展到一定成熟程度的必然产物，也是数学发展的需要。在数学形式化历史进程中，希尔伯特公理系统的建立占有重要的地位。

希尔伯特公理系统的思想方法，集中体现在他的《几何基础》一书中。在这部著作中，希尔伯特不仅建立了完整的形式公理化系统，而且提出了运用形式公理化方法的原则。为了全面认识希尔伯特形式公理化思想的特点、实质及其在现代数学发展中的地位和作用，我们把他的工作放到历史的链条中去考察，而这个链条的发端，又可溯源到欧几里得的《几何原本》。

数学的公理法首先是在几何学研究中产生和发展起来的。在这方面最先迈出决定性一步的是公元前3世纪古希腊数学家欧几里得。欧几里得在综合整理前人数学研究成果的基础上，把亚里士多德的演绎法运用于数学，撰写出一部13卷本的巨著《几何原本》。这是一部科学史上最早运用公理方法构造科学理论体系的著作，它的问世，标志着初等几何已大体上完成由零散、片断的经验知识形态向有系统的理论形态的演化。

所谓公理方法，简单地说，就是从尽可能少的初始概念和初始命题（公理）出发，按照演绎推理规则，去定义其它一切概念以及推演出其它一切命题（定理）。运用公理法构造出的理论体系称为公理系统，它是由初始概念、公理、定义、定理等按演绎规则构成的数学系统。为了构造几何学的公理系统，欧几里得在《几何原本》第一卷中，给出了23个初始概念的定义、5条公

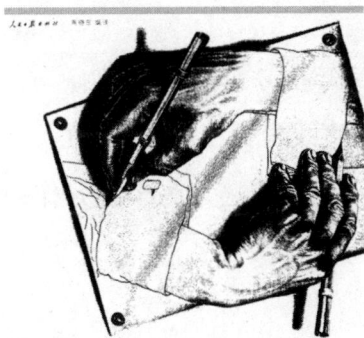

→ 欧几里得原著《几何原本》

13卷视图全本
几何原本
〔古希腊〕欧几里得　原著
建立空间秩序最久远最权威的逻辑推演语系
The Thirteen Books
of The Elements

理和5条公设（只应用于几何学，现今统称为公理。）

5条公理是：

（1）跟同一件东西相等的一些东西，它们彼此也是相等的。

（2）等量加等量，合量仍相等。

（3）等量减等量，余量仍相等。

（4）彼此重合的东西是相等的。

（5）整体大于部分。

5条公设是：

（1）从任一点到任一点作直线（是可能的）。

（2）把有限直线不断循直线延长（是可能的）。

（3）以任一点为中心和任一距离（为半径）作一圆（是可能的）。

（4）所有直角彼此相等。

（5）若一直线与两直线相交，且若同侧所交两内角之和小于两直角，则两直线无限延长后必相交于该侧的一点。

最后一条公设，后人通常称为"欧氏第五公设"

← 欧几里得的《几何原本》

或"平行公设"、"平行公理"。从这些公理和公设出发，欧几里得在《几何原本》中演绎推导出467个定理。

《几何原本》是一部十分丰富的数学巨著，其内容除了几何知识外，还有比例和数论知识。这部宏伟巨著，对后人学习和掌握数学知识，了解和运用公理方法，培养和提高逻辑思维能力，起了极其重要的作用，成为千百年来世界广为流传的数学读物。其影响如此深远，以至欧几里得竟成了"几何学"的同义语。

但是，由于历史的限制，《几何原本》难免存在这样或那样的缺陷，有的还很严重。总的看来，主要表现在：

第一，定义不够恰当。"点""线""面"应是不加定义的初始概念，但欧几里得却对其作了没有明确数学内容的定义，而且这些"定义"，实际上不过是对"点""线""面"物理属性的直观描述。

第二，公理不完备。例如，用了运动的概念，却没给出运动公理；用了连续的概念，却没给出连续公理；用了"……在……中间"的概念，却没给出顺序公理。

第三，证明有漏洞。有些证明含有错误，有些证明是使用归纳法由特殊来推演一般性结论，因而在逻辑上不可靠。

　　纠正《几何原本》中的缺点，完善欧几里得几何公理系统，是历代数学家长期认真关注的问题。这项工作历经2000多年。一直延续到希尔伯特时代才告结束。

最早英文版《几何原本》的封面

希尔伯特公理系统思想的萌芽，可追溯到1891年他还是哥尼斯堡大学的一名讲师的时候。这一年的9月末，他在哈勒举行的自然科学家大会上听了赫尔曼·维纳的讲演《论几何学的基础和结构》。维纳对几何学基础研究状况的介绍，对几何实质的抽象观点，深深地打动了希尔伯特的思想。就在返回哥尼斯堡的路上，希尔伯特在柏林车站若有所思地对同伴们说："在一切几何命题中，我们必定可以用桌子、椅子和啤酒杯来代替点、线、面。"在这种朴素的想法中，已经孕育了形式公理化的思想。

当时，希尔伯特正忙于不变量理论和数论研究，一直到1898年，他才把精力转向几何基础研究。在1898年～1899年冬季学期开设的《几何基础》讲座中，希尔伯特系统阐述了他的公理化思想。此时，哥廷根大学正在筹备6月份高斯——韦伯塑像的落成典礼，克莱因请希尔伯特把他的《几何基础》讲稿刊登在《纪念文集》上。就

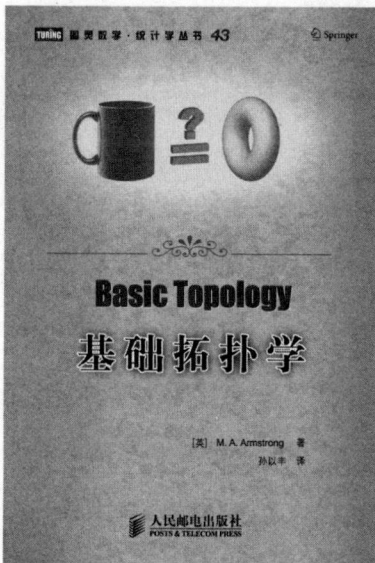

TURING　趣味数学·统计学丛书 43　Springer

Basic Topology
基础拓扑学

[英] M. A. Armstrong 著

孙以丰 译

人民邮电出版社
POSTS & TELECOM PRESS

→《基础拓扑学》

这样，从1891年开始思索几何基础问题，到1899年全力以赴开展这项工作，历经9年的酝酿和孕育，希尔伯特终于完成了他的经典性著作《几何基础》。

希尔伯特没有采用纯逻辑的符号语言来取代传统的自然语言，而是将抽象的观点与具体的自然语言创造性地结合起来，通过"旧瓶装新酒"的方法，在欧几里得几何的古典框架内，提出现代的公理观点。为了构造几何的公理系统，揭示几何学的实质，他又回到了欧几里得的"点""线""面"，回到了点、线、面的那些关系。然而，他并没有简单地回复到欧几里得时代，而是给公理思想赋予了全新的内容。

首先，希尔伯特给出的初始概念是不加定义的，这些初始概念可分为两种类型。一种用于描述几何学

科学家卷

的对象，它们分别叫作"点""直线"和"平面"。这些对象不再具有任何直观上的意义，而只是一种形式上的语言符号。另一种用于描述对象之间某种特定的关系，分别用"关联"（"在……之上"、"属于"）、"介于"（"在……之间"）、"合同于"（"相等于"、"全同于"）等词来表示。这些关系同样不再具有任何物理意义，不再是现实世界中某种特定关系的直接反映。总之，所谓"点""直线""平面"和所谓"属于""介于""合同于"诸关系，指的是只知道满足某些规定的对象和关系，这些规定是通过公理来刻画的。

→韦伯（左）和高斯雕像

其次，希尔伯特给出了表达初始概念整体结构的公理，它们分为五组，共有20条。

第一组关联公理，有8条。

第二组顺序公理，有4条。

第三组合同

公理，有5条。

第四组平行公理。

第五组连续公理，有2条。

从上述初始概念和公理出发，按照演绎规则，可以推出欧几里得几何的全部命题。

《几何基础》这本著作一经出版，立即吸引了整个数学界，在出版以后的几个月内成了最畅销的数学书。他的朋友闵可夫斯基认为这是一部具有珍贵价值的经典著作，必将对当前和未来数学家的思想产生巨大的影响。彭加勒评价希尔伯特的这项工作，彻底冲垮了传统几何作茧自缚的屏障，"使数学哲学向前迈进了一大步"。希尔伯特的学生麦克斯·德恩指出，最有决定性意义的是"那种特殊的希尔伯特精神，这就是：把逻辑力量与创造活力结合起来，藐视一切陈规旧俗，最充分地运用数学思想的自由"。

事实上，希尔伯特的《几何基础》，作为数学思想史上的一个重要里程碑，它标志着公理法由低级向高级的过渡已经完成。

← 《欧几里得在中国》

首先，在希尔伯特公理系统中，初始概念和公理已完全失去了它们的现实属性。"点""线""面"只起着形式符号的作用，它们可以表现任何对象和关系，只要这些对象和关系满足公理的要求。而公理实际上也只是一些假定，它们不必具有任何特定的直观背景。因此，希尔伯特的公理系统是一种形式上的数学系统，可称作是形式公理系统。

其次，希尔伯特深刻揭示了公理系统的结构，在历史上首次明确提出了公理系统应满足的3条逻辑要求：

1. 完备性，也称完全性。它要求所研究理论的全

→希尔伯特向欧几里得问路

部定理都可以由这些公理推演出。

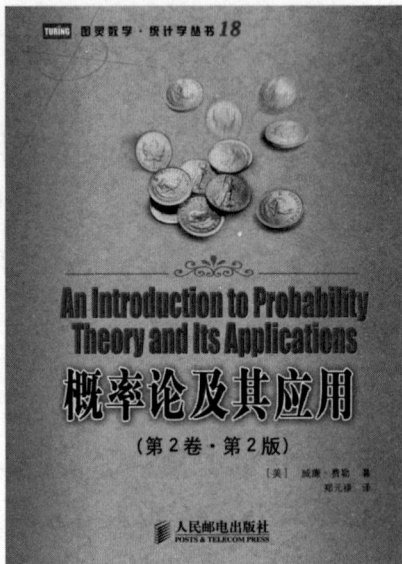

←
《概率论及其应用》

2. 独立性，也称无关性。它要求各条公理在逻辑上互不依存，任何一条公理都不能从别的公理推得。

3. 相容性，也称协调性或无矛盾性。它要求从这些公理出发不可能推出任何矛盾的命题。

正因为希尔伯特的形式公理法具有更高的抽象性，不再受物理直观的局限，所以经希尔伯特改造过的公理化思想一经确立，就从原来的几何领域广泛渗透到数学的各个分支学科。在19世纪末、20世纪初，多种不同的形式公理数学系统相继建立起来。如集合论、概率论、近世代数、数论、拓扑学、数学分析等，都先后实现了公理化。形式公理化已成为现代数学发展的一个显著特征。

独具慧眼的科学伯乐

科学绝不是一种自私自利的享乐。有幸能够致力于科学研究的人，首先应该拿自己的学识为人类服务。

——马克思

打起背包，到哥廷根去。

——20世纪初数学青年们的愿望

科学人才是科学知识的主要生产者，是决定科学发展的一个根本性的因素。就某种意义来说，发现和培养一名优秀的科学人才，并不比创造和确立一项科学成果意义小。因此，在评价一名科学家，尤其是学术名家的贡献时，应当把能否善于发现和培养人才作为其中的一个重要内容。希尔伯特在科学成果和培养科学人才两个方面，为当代数学的发展都做出了巨大贡献。他是富于独创精神的学者，也是独具慧眼的科学伯乐。他的科学伯乐精神，将和他的科学成果、科学思想方法一起，铭刻在现代科学的史册上。

人才成长的道路是艰难曲折的。在科学历史上，由于传统观念的影响、习惯势力的阻挠、学阀权威的压制、民族偏见的束缚，以及反动阶级的扼杀等原因，常常会出现科学人才被埋没的蒙难现象。科学伯乐精神的一个重要表现，就是敢于同各种阻碍人才成长的现象作斗争，让受压抑、被埋没的人才充分发挥其才能。在这方面，希尔伯特有着许多值得赞颂的感人事

← 爱因斯坦

迹。

艾米·诺德是现代数学史上最富创造性的女数学家之一，有"抽象代数之母"的盛誉。爱因斯坦曾作出这样的评价："据现代权威数学家们判断，诺德女士是自妇女开始受到高度教育以来最重要的富于创造性的数学天才。在最有天赋的数学家们为之忙碌了多少世纪的代数领域里，她发现了一套方法，当前一代年轻数学家们的成长已证明了它的巨大意义，依据这套方法，纯粹数学成了一首逻辑概念的诗篇。"艾米·诺德之所以能在科学领域做出如此重大的贡献，享有如此巨大的国际声誉，是与希尔伯特荐贤举能的科学伯乐精神分不开的。艾米·诺德生于德国爱尔朗根的一个犹太人家庭。父亲麦克思·诺德是爱尔朗根南德大学数学教授。在代数几何方面造诣很深。小艾米在父

→犹太山地

亲影响下，少年时代就对数学产生浓厚兴趣。1900年她中学毕业，打算到父亲的大学学习数学。可是，在妇女受歧视的时代，德国的大学不准女生注册入学，只能有极少数的女生获得旁听生的资格。这年冬天，艾米以优异的考试成绩取得旁听生资格。在上千名学生中，只有两名旁听的女生。后来，德国大学改变了制度，她才有机会得到正式的学籍，并获得博士学位。

1914年，第一次世界大战爆发后，艾米·诺德的家庭发生重大变化，父亲退休，母亲病故，弟弟被征从军。她决定前往哥廷根谋求职业。这位年轻的女博士一到达哥廷根，希尔伯特就看出她是女子中的奇才。此时，希尔伯特正热衷于广义相对论的研究，艾米·诺德在抽象代数理论方面的精深造诣，正是这一研究工作所需要的。于是，希尔伯特决定把这位女青年留

←第一次世界大战

在哥廷根大学工作。

　　在当时的德国社会，女性仍然处于受歧视的地位，她们之中尽管有极少数佼佼者有机会享受高等教育，但要想在大学里任教则是难以实现的，因为社会上普遍存在一种"女人的头脑是低能的"的偏见。哥廷根大学虽然曾在1874年破例授予俄国女青年柯瓦列夫斯卡娅荣誉博士的学位，从而成为德国第一所准许给女性以博士学位的高等学府，但还没有女性学者上讲台授课的先例。为使艾米·诺德进入哥廷根大学任教，希尔伯特四处奔走，多方联系，在教授会议上，他历数这位女博士的数学成果，要求批准她为哥廷根大学的第一名女讲师。他的提议当即引起激烈的争论，一

→哥廷根大学礼堂

些哲学、语言学和历史学教授反对得最为厉害。他们唯一的理由是，如果让一名女人当讲师，那她以后就会成为教授，成为大学评议会的成员，而这怎么能行呢？有的甚至不加掩饰地说出，决不能让从战场

TORING 图灵数理数学·统计学系列 23

An Introduction to Differentiable Manifolds and Riemannian Geometry

微分流形与黎曼几何引论

（英文版·第2版修订版）

[英] William M. Boothby 著

人民邮电出版社
POSTS & TELECOM PRESS

← 《微分流形与黎曼几何》（英文版）

上回到大学的大兵拜倒在女人的脚下读书。针对这种男尊女卑、歧视女性的偏见，希尔伯特以尖锐的口吻批驳道："我没见过，候选人的性别竟成为反对她当一名大学教师的理由，我们毕竟是一所大学而不是一个洗澡堂。"尽管希尔伯特据理力争，保守派仍然占了上风，艾米·诺德没能取得讲师的资格。为了保证她的生活和工作，希尔伯特只好自己想办法，他以自己的名义开设课程，但实际上由艾米·诺德来主讲。不到两年，她就发表了两篇重要论文，一篇是把黎曼几何学和广义相对论中常用的微分不变量化为代数不变量，另一篇是把不变量和守恒定律联系在一起提出"诺德定理"。

　　第一次世界大战结束后，妇女的社会地位稍有好转。经希尔伯特再三提议，教授会终于作出让步，同意授予艾米·诺德以讲师职称，但没有工资，只能靠从听课学生那里收费来维持最低的生活条件。1922年，在希尔伯特及一些有正义感的教授的长期努力下，艾米·诺德被批准为一名"非正式的特别教授"。这是一个比普通教授地位低，并且仍然是没有固定薪金的头衔。此时，艾米·诺德已成为哥廷根数学学派中的一名学术带头人，并且开辟出了一个新的数学领域——抽象代数。她所主持的代数讨论班是当时哥廷根大学最富创造性、成果最多的研究团体，在她周围云集了一大批才华横溢的青年数学家。

→ 美国纽约州立大学石溪分校

在希尔伯特的档案袋里，有一份标有"纳尔逊事件"的材料，它详尽记载了当时希尔伯特为受压抑的青年教师纳尔逊争取副教授资格而做出的种种努力。

纳尔逊原为柏林大学哲学系学生，取得博士学位后慕名来到哥廷

← 《中国伦理学百科全书》

根，希望在这里获取讲师资格。他博学多才，不仅通晓哲学、逻辑学和伦理学，而且对数学基础问题很有兴趣。他性格开朗，好与人争论，在许多问题上有自己的独到见解。希尔伯特十分喜欢这位年轻人，常常约他在一起散步，共同探讨哲学、数学和逻辑学相交汇的知识领域。

按当时的规定，要想取得讲师资格，必须向教授会提交和通过晋升讲师的论文。可是，由于纳尔逊对一些问题的尖锐评论引起了哲学教授哈塞尔等人的不悦，因而他的晋级论文遭到教授会大多数成员的拒绝。纳尔逊受到无端非难，感到心烦意乱，但又毫无办法。有一天，正当他在自己的房间里苦闷地独思时，希尔

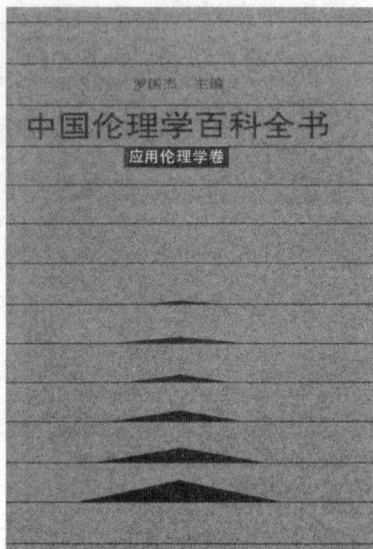

→纽约州立大学宾汉姆顿大学

伯特突然亲自登门来访。他热情地邀请纳尔逊到他家吃晚饭，并且为他精心安排了如何去对付这些持有偏见的教授们的方法。经过几番周折，在希尔伯特的支持和帮助下，纳尔逊的晋级论文终于得以通过。几年以后，在晋升副教授问题上，纳尔逊再次遭到哈塞尔等人的阻挠，这一次，希尔伯特亲自在教授会上同反对者相争，在他的努力下，纳尔逊终又获得成功。在希尔伯特的影响下，纳尔逊很快成为一名颇有名望的科学哲学家。他是希尔伯特形式公理化思想的积极支持者，撰写了三卷本《伦理学基础讲义》，他所主编的一份哲学杂志，在当时很有影响。

　　希尔伯特的科学伯乐精神，还表现在他十分注意从高年级学生中寻找那些出类拔萃者，并创造各种条件使他们尽快走上成才之路。现代著名数学家、美国纽约州立大学柯朗教授就是在希尔伯特的慧眼辨识和精心栽培下，由一名潜才成为名家的。柯朗生于一个不很富裕的犹太小商人家庭，从14岁起就有独立生活能力，一边读中学，一边给一所女子学校的学生辅导，用以维持生活和学习费用。柯朗在中学时就酷爱数学，中学毕业后，他没有进预科学校，经朋友的介绍来到哥廷根。1907年10月，他以优异的考试成绩进入哥廷根大学，成为希尔伯特的学生，他经常参加哥廷根数学俱乐部的活动，并在会上热烈地与别人讨论问题，由此引起希尔伯特的注意。

一年之后，希尔伯特要从学生中挑选一名助手，帮他准备讲义，记录和整理讲稿，柯朗的才华和勤奋，使他成为最合适的候选人。从此以后，柯朗成为希尔

←哥廷根大学

和平纪念碑，于1923年竖立，原为纪念第一次世界大战期间阵亡的军人。

伯特的助手，他一边学习，一边为希尔伯特的教学做些辅助性工作。1909年，在希尔伯特的建议下，柯朗把狄里克莱原理的应用问题作为博士论文的选题。1910年2月，他以最优秀的学业成绩获得博士学位。柯朗毕业后，希尔伯特打算把他留在学校当讲师，可是讲师的限额已满，除非有人离去才可补缺，为了使柯朗留校工作，希尔伯特和克莱因想了一个限额外用人的办法，设立讲师资格获得者一席，和艾米·诺德一样，做讲师工作，但没有固定的薪金，薪金从听课学生的学费中支付。按当时的规定，留校生还要交一篇论文，作一次学术演说，在希尔伯特的指导下，柯朗成功地撰写了"关于狄里克莱原理的方法"一文，作了题为"数学中的存在性证明"的演说，经过一番曲折，柯朗终于成为哥廷根大学的一名教师。

1914年第一次世界大战爆发，26岁的柯朗应征入伍。1918年12月，柯朗结束军队生活，返回哥廷根，重新开始数学创造活动。不到一年，就接连发表了好几篇关于微分方程特征值的重要论文，受到数学界的广泛重视。可是，由于职位名额的限制，他在哥廷根仍然没有机会取得教授职位，这使希尔伯特很着急。1920年，蒙斯特大学的基林教授退休，为了不使柯朗失去晋级的机会，希尔伯特打算先让他到那里任职，以后有机会再重新回到哥廷根。经希尔伯特和克莱因的推荐，柯朗做了基林的继任教授，不到一学期，回哥廷根任教授职位的机会就来了。在希尔伯特和克莱因的力争下，哥廷根大学获准增加3名数学物理教授，趁此机会，希尔伯特和克莱因再次把柯朗召回哥

The Stories
OF THE WORLD-FAMOUS UNIVERSITIES
世界名校故事 3
柏林大学
主编 彭小云
军事谊文出版社

← 《柏林大学》

→德国的城堡

廷根。这次聘请柯朗为哥廷根大学教授有着特殊的背景，他是作为克莱因的接班人考虑的，柯朗没有辜负两位数学大师的期望，他不仅像他的前辈一样继承了哥廷根优良的数学和物理学相结合的科学传统，而且出色地担负起哥廷根数学建设的行政事务。1925年，克莱因去世，柯朗继承克莱因的遗愿，筹建哥廷根数学研究所。研究所于1929年12月2日正式成立，柯朗担任所长。他推进了克莱因倡导的数学教育改革，开设了数学"实践课"，即我们现在通常所说的习题课。克莱因创建的那个数学俱乐部，在柯朗的重视下，越办越有生气，柯朗主持数学研究所工作的时期，正是哥廷根数学的鼎盛时期。

　　希尔伯特自1895年应克莱因的邀请到哥廷根大学任教授，到1930年以68岁的高龄退休，为发展哥廷根大学的数学教育事业勤勤恳恳地工作了整整35年。就是在退休之后，他仍然继续定期到哥廷根大学讲课，坚持去数学俱乐部参加各种集会，作为一名学者和教师，他在当时获得了最高的声誉。20世纪初，几乎全世界优秀的数学专业的学生都受到这样的忠告："打起你的背包，到哥廷根去！"德国是当时世界数学活动的中心，哥廷根则是"德国数学的麦加"，希尔伯特又是数学麦加这块圣地上创造奇迹的英雄，从下面两件事足以看到他所享有的巨大声誉。

　　1902年，柏林大学的富克斯去世，他的教授职位将聘请希尔伯特去担任，这个消息在哥廷根大学传播开来，引起了青年讲师和学生们的极大不安。他们一方面觉得像希尔伯特这样领头的数学家，应当到首都工作，但另一方面又确实不愿意让他离开哥廷根，因为许多人之所以到哥廷根来，仅仅是因为这里有个希尔伯特，他们推选出3名代表到希尔伯特家，请求他不要离开哥廷根。当他们得知希尔伯特作出不走的决定后，人人欢欣鼓舞，为此，他们组织了一次烟酒晚会，表达对希尔伯特的敬意。

克莱因参加了集会并讲了话，他在讲话中全面而精彩地概括了希尔伯特对哥廷根数学和教育方面的成就及其对当代数学发展的影响，在当时，举办烟酒晚会，是对少数负有盛誉的教授表示敬意的最好方式之一。

哥廷根大学的师生把希尔伯特的生日看作是德国数学家们的高贵节日。希尔伯特70寿辰时，为了表示对这位伟大学者的崇高敬意，哥廷根大学师生为他举行了一整天盛大的欢庆。希尔伯特往日的学生从德国各地云集在这里，许多人还是从国外专程赶来的，祝寿宴会是在新建的数学研究所大楼举行的。生日之夜，举着火把的学生队伍，冒雪来到研究所大楼门前，他们热烈地向希尔伯特欢呼致意。这是学生们所能给予一位退休教授的最高荣誉，希尔伯特向学生们回敬的是这样一句话："数学，万岁、万岁、万岁！"

→　《数学沉思录》——古今数学思想的发展与演变

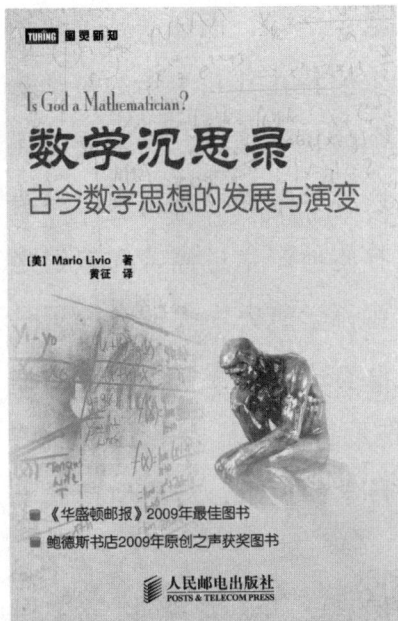

TURING 图灵新知

Is God a Mathematician?

数学沉思录
古今数学思想的发展与演变

[美] Mario Livio 著
黄征 译

■《华盛顿邮报》2009年最佳图书
■ 鲍德斯书店2009年原创之声获奖图书

人民邮电出版社
POSTS & TELECOM PRESS

晚年的心灵磨难

灾难来自意想不到的地方，最使受害者难受。

——伊索

希尔伯特以其献身科学的坚定信念，在数学领域耕耘了一生，取得了一项又一项具有深远意义的数学成果，培养和造就了一大批优秀的数学家。然而，临近他的科学研究结束之际，他却遭到了政治动乱而带来的打击。希尔伯特在其几十年的科学生涯中，为攻克一个又一个的数学难题，曾遭受过无数次的失败和挫折，但这些失败和挫折从来没有改变过他的乐观情绪，没有使他产生过痛苦和怨恨之心，因为他十分清楚，在科学研究中失败和挫折是难免的，没有失败也就没有成功，任何一次成功都要以多次失败为代价才能取得。可是，在他的晚年，德国法西斯反动政治对科学的扼杀，却给他造成了心灵上的种种磨难。

1933年，希尔伯特71岁这一年，希特勒上台掌握

了德国的军事、政治大权，由此开始了德国法西斯专政时期。希特勒一上台，立即就颁发了第一号法令，粉碎犹太人的"恶魔的权力"，犹太人不仅掌握了一切政治和经济生活中的关键位置，而且占据了所有科学和文化方面的要职。于是，当局给学校下一道命令，辞退所有从事教学工作的犹太血统的人，不管他处于什么样的重要地位，取得过什么样的重大科学成果，这实际上是一场在社会生活各个领域展开的排犹运动。希特勒法西斯政权的排犹运动，给希尔伯特学派的打击是十分严重的。希尔伯特学派是哥廷根优秀科学传统的最高产物，也是希尔伯

费马大定理（解开一个古代数学难题的秘密）

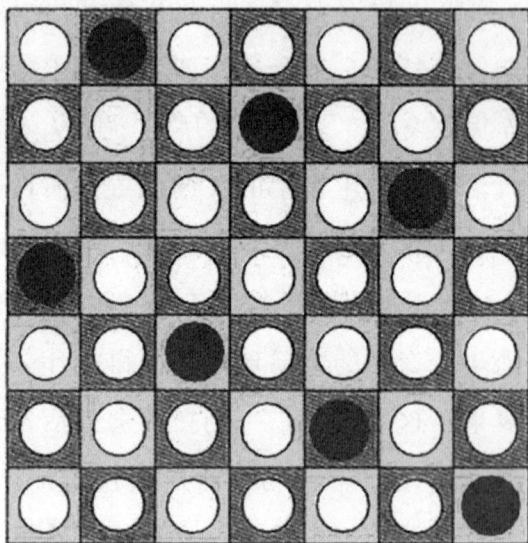

← 悬赏百万的世界级数学难题

特以其数学巨人的影响亲自创建起来的。哥廷根科学传统的精神是：纯粹数学与应用数学、数学与自然科学的紧密结合。这一科学传统是19世纪上半叶由"欧洲数学之王"高斯开创的，后经狄里克莱、黎曼、克莱因等后继人的努力，不断得到发扬光大，使哥廷根大学成为世界各国派遣留学生的"数学麦加"。哥廷根大学在20世纪上半叶是培养著名数学家的摇篮，20世纪享有盛名的现代计算机之父冯·诺伊曼、控制论创立者维纳等人，都在希尔伯特门下学习和工作过。哥廷根数学，特别是希尔伯特学派，在20世纪初达到了它的全盛时期，成为当之无愧的世界数学的中心。

　　然而，1933年希特勒纳粹上台开展排犹运动，逼得优秀数学家不得不流亡国外，哥廷根的数学从此一蹶不振，希尔伯特的学派也随之衰落下去。首先是出身犹太家庭的艾米·诺德被列为清洗对象，学校当局令其离开讲台。为保护这位杰出女数学家，富有正义感的希尔伯特不顾个人安危，带头联名上书给当时的教育部长，要求继续留用她。可是，一切努力全无济于事。艾米·诺德只好忍痛离开自己的祖国流亡美国，到毛尔学院和普林斯顿高级研究所任教，1935年春，因癌病在那里去世。看到这样一位杰出的女数学家背井离乡、客死他乡，希尔伯特心里十分难过，留下了难以治愈的心灵创伤。紧接着希尔伯特的优秀弟子、富有才华的青年数学家柯朗也因犹太血统难逃厄运。

→ 美国国会大厦

海森堡 (1901—1976)

12月5日，是德国著名物理学家维尔纳·海森堡诞生100周年纪念日。

海森堡是量子力学的创始人。海森堡在20年代创立的量子力学，可用于研究电子、质子、中子和分子内部的其它粒子的运动，从而引发了物理界的巨大变化，开创了粒子物理时代的新纪元。为此，1932年，他获得诺贝尔物理奖，成为继爱因斯坦和波尔之后的世界级的伟大科学家。

海森堡不仅对量子力学感兴趣，对艺术和音乐也十分在行。他的研究风格与达·芬奇作画时尽量利用素描、色彩和光线的明暗等手段相似，力求达到客观与主观的协调一致。海森堡对音乐的解释是，音乐如同语言，极具个性化；而物理研究也如同作曲，古典物理犹如巴赫的交响曲。海森堡把物理当成了作曲。不同的时，作曲家使用的是音符，海森堡则使用数学符号。他了解的是物理的自然法则，在其理论的声音里没有游离"音"，在他的证明空间里发出的"音调"是原子法则，其目的是为了完善原子理论。

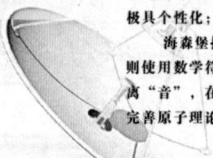

尽管他在第一次世界大战中腹部受过伤，中过毒气，为德国作战立过功，但疯狂的排犹运动，使他像艾米·诺德一样，被当局驱赶出校门。对此，希尔伯特极为愤怒，他让柯朗去法院控告现行政府的非法活动，然而在纳粹政权统治时期，法律已不再有任何效力。后来，以希尔伯特、海森堡、普朗克、薛定谔、范·德·瓦尔登、弗里德里希为首的28位著名科学家，为挽留柯朗等人联名向政府写了请愿书，但这一切努力都没能阻止住纳粹分子对柯朗的迫害。柯朗在自己的祖国实在难以生存，1934年不得不携带家眷到美国，受聘于纽约州立大学应用数学研究所，后因柯朗成绩卓著，该研究所改名为"柯朗应用数学研究所"，柯朗任所长主持工作。继艾米·诺

德、柯朗之后，德恩、德拜、弗里德里希、史密特、贝尔纳斯等优秀数学家也相继离开德国。希尔伯特的晚年助手、年轻的数理逻辑学家甘岑于1939年被纳粹逮捕和监禁，死于牢狱中。他的最老的学生、长期合作者布鲁门萨尔被撤去教授职务长期流亡国外，后被盖世太保逮捕，死于赛尔辛斯塔集中营。就连希尔伯特本人也遭到无端审查，有人曾以他的姓"大卫"，怀疑他不是纯雅利安人，还有人以柯朗为他输过血，指责他的血管里流动着犹太人的血。这一切给希尔伯特带来了极大的失望和悲痛，过去他那双刚毅和聪慧注视着世界的眼睛，渐渐蒙上了一层忧伤和怀疑的色彩，往日的数学热情已不复存在。希尔伯特学派遭到了破坏，希尔伯特本人的精神遭到严重打击，他愤怒、烦恼、失望，时常发脾

→纽约州立大学分校

气，或者长时间沉默无语。在一次宴会上，当新任教育部长卢斯特问他："现在哥廷根的数学怎么样？它已经摆脱了犹太人的影响？"希尔伯特没好气地顶撞道："哥廷根的数学？

← 哥廷根的大街

确实，这儿什么都没有了。"在1937年希尔伯特的生日宴上，当有人向他提起往日的相当重要的学术活动时，他一点儿也不再感兴趣，他说："我感兴趣的只有天上的星星了。"

1942年的一天，希尔伯特跌倒在哥廷根的大街上，摔断了胳膊，接着又引起了各种并发症。1943年2月14日，他在冷漠和孤独中与世长辞了，享年81岁。战争期间，交通和通讯遭到严重破坏，只有少数人及时知道这位一代数学巨匠的去世。丧礼是在家中举行的，仅有10来个人出席，安葬仪式很简单，墓碑上仅仅刻着姓名和日期。

→德国著名的数学巨人希尔伯特

战争期间，为了保护人类的文化遗产，同盟国的飞机没有轰炸哥廷根这座古城。

随着第二次世界大战的结束，世界数学的优势转移到了美国。哥廷根城虽然完整无损，可是她却失去了世界数学中心的地位，然而哥廷根的数学巨人并没有因之而失去他对世界数学发展的影响。整个世界，几乎到处都有希尔伯特的学生，以及希尔伯特学生的学生，他们把希尔伯特的科学精神传播到世界各地，使它们至今仍然闪耀着光芒。对于希尔伯特在现代数学发展中的影响，也许再没有比他的学生、现代著名数学家外尔所说的一句话更加深刻和生动了："希尔伯特这位吹笛人所吹的甜蜜的芦笛声，诱惑着许多老鼠跟着他投入了数学的深河。"

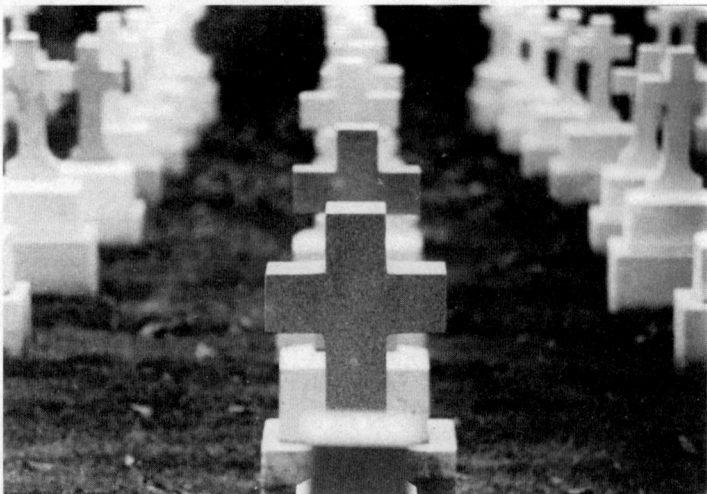